# 检察业务管理指导与参考

JIANCHA YEWU GUANLI
ZHIDAO YU CANKAO

最高人民检察院案件管理办公室 / 编

2024年
第1辑
（总第25辑）

中国检察出版社

图书在版编目（CIP）数据

检察业务管理指导与参考. 2024 年. 第 1 辑：总第 25 辑 / 最高人民检察院案件管理办公室编. —北京：中国检察出版社，2024.3

ISBN 978-7-5102-3075-2

Ⅰ.①检… Ⅱ.①最… Ⅲ.①检察机关-业务管理-中国-丛刊 Ⅳ.①D926.3-55

中国国家版本馆 CIP 数据核字(2024)第 090414 号

**检察业务管理指导与参考（2024 年第 1 辑）**

最高人民检察院案件管理办公室　编

**责任编辑**：史世琦
**技术编辑**：王英英
**美术编辑**：徐嘉武

**出版发行**：中国检察出版社
**社　　址**：北京市石景山区香山南路 109 号（100144）
**网　　址**：中国检察出版社（www.zgjccbs.com）
**编辑电话**：(010) 86423736
**发行电话**：(010) 86423726　86423727　86423728
(010) 86423730　86423732
**经　　销**：新华书店
**印　　刷**：唐山玺诚印务有限公司
**开　　本**：710 mm×960 mm　16 开
**印　　张**：10.75　插页 6
**字　　数**：137 千字
**版　　次**：2024 年 3 月第一版　2024 年 3 月第一次印刷
**书　　号**：ISBN 978-7-5102-3075-2
**定　　价**：40.00 元

# 《检察业务管理指导与参考》
## 编 委 会

# 前 言

2019年3月，《检察业务管理指导与参考》创刊，如一株破土而出的幼苗，根植于“四大检察”全面协调充分发展的“沃土”，伴随案管工作实践，在全国案管人的重视与呵护下茁壮成长，不断结出引领检察业务管理助推检察业务高质量发展的累累硕果。

《检察业务管理指导与参考》作为检察业务管理理论与实务研究的专门期刊，始终秉持的宗旨是，深化理论研究以指导工作，推介实务经验以供借鉴参考，理论与实务紧密结合，促进全国案件管理工作深入开展，为“四大检察”发展贡献案管力量。

我们致力于把《检察业务管理指导与参考》打造成案件管理理论创新的基地。深入学习贯彻习近平法治思想，革除不合时宜的观念理念，打破体制机制的制度性障碍，聚焦案件管理的基础理论、重大课题和制约案件管理创新发展的“瓶颈”问题，与时俱进创新案件管理理论，引领不断发展的案件管理工作实践。

我们致力于把《检察业务管理指导与参考》打造成实务经验交流的载体。鼓励实务探索，倡导凝练总结，将“三大监督”“四大服务”“管好管理”的生动实践，融入理性思考和理论升华，通过《检察业务管理指导与参考》这个平台晒出来、辩起来、推广开来，促进交流碰撞和思想解放，从而始终保持案件管理机制改革创新的源头活水，助推案件管理工作整体提升。

我们致力于把《检察业务管理指导与参考》打造成开阔案件管

理眼界的窗口。跳出检察业务管理的拘囿，加强中外司法管理的比较研究，汲取其他执法司法机关的业务管理理论成果，借鉴社会治理、现代企业管理的成功实践和创新理论，引导案管人打开眼界，拓宽视野，以“他山之石”，成案件管理之功。

《检察业务管理指导与参考》是案管人自己的刊物，记载着案管人的奋斗与追求、激情和汗水，更将描绘出案件管理工作的希望与梦想、今天与明天。案件管理理论研究，案管人使命在肩，责无旁贷。各地案件管理部门和广大案管人，既要重视、支持和参与撰稿投稿、编审征订工作，也要学好用好这个刊物，为案件管理工作助力、赋能。

理论启智心灵，实践创造非凡。让我们一起为案件管理工作铺一条光明的路，开满希望的花，结出丰硕的果。

# 目　录

## 领导论坛



## 理论前沿



## 监管实务

## 评查试点



## 先进人物

# 领导论坛

LINGDAO LUNTAN

# 检察机关案件管理部门职能定位研究

中国军*

## 目　次



* 中国军，最高人民检察院案件管理办公室主任，一级高级检察官。

（一）在对接检察长和检察委员会层面，案件管理部门是检察长和检察委员会与其他办案部门之间的“总绳”

（二）在对接办案部门层面，案件管理部门是办案部门的“诤友”

（三）在对接协同管理层面，案件管理部门是其他相关部门的“伙伴”

四、案件管理部门“中枢”职能的实现路径

（一）依靠各级院党组、检察长的认同和运用

（二）依靠各部门之间工作互通共融

（三）依靠案件管理部门充分履行职责

最高人民检察院党组副书记、分管日常工作的副检察长童建明在全国检察机关第二次案件管理工作会议上提出，案件管理部门是名副其实的检察业务“中枢”。检察机关案件管理部门新的职能定位就此确立。这一职能定位，发挥着明确方向、凝聚力量、激励履职的积极作用。但从实际工作开展看，一些地方案件管理部门存在履职不能、履职不全、履职不充分等问题，究其原因是多方面的，根源在于没有很好地把握案件管理部门的职能定位，没有认同“中枢”、建设“中枢”、用好“中枢”。为此，有必要对案件管理职能定位的形成脉络作一梳理，并进一步研究何为“中枢”、何以为“中枢”以及怎样发挥“中枢”的功能作用，以利于案件管理部门更好地立足“中枢”职能定位，全面充分履行监督管理和服务保障职能。

## 一、 案件管理部门职能定位的演变脉络

将案件管理部门定位为检察业务工作的“中枢”，并不是案件集中管理机制改革之初就提出来的，而是经历了一个认识不断深

化、逐渐清晰的演变过程。根据案件管理具体职能与职能定位的关系，大体可分为四个阶段。

### （一）第一阶段：个案监管为主，基本职能定位是内部制约监督

这个阶段大体在2011年至2014年。2011年，以最高人民检察院成立案件管理办公室为开端，在全国检察机关拉开案件集中管理机制改革的大幕，提出管理、监督、服务、参谋四项职能，基本履职方式是案件受理、流程监控、质量评查、律师接待等。这一时期的工作重心在设立机构、组建队伍、建立制度、研发系统，没有抽象、提炼“职能定位”的概念，但也有基本的职能定位。从案件管理机制改革初衷看，基本上把案件管理部门定位为检察机关司法办案的内部监督部门。改革之初印发的《最高人民检察院案件管理暂行办法》，提出制定这一办法的目的是加强最高人民检察院执法办案活动的管理工作，强化内部监督制约，提高办案质量和效率，促进公正廉洁执法。同时明确案件管理部门承担案件统一受理、流程监控、质量管理、统计分析、综合考评等管理活动。回顾这一时期的案件管理工作，不论是案件管理机制改革的初衷，还是具体职责任务，案件管理职能都带有明显个案监管特征，围绕个案强化内部制约监督，促进规范司法。据此，案件管理部门主要是检察机关司法办案的内部监督部门。

### （二）第二阶段：个案监管机制逐渐完善，“枢纽”概念萌芽

2014年底至2018年底，全国检察机关案件管理机构基本建立，检察业务应用系统全面部署应用，流程监控和质量评查等基本制度不断健全完善。这一时期，尽管重心仍然在个案监管，但是逐步认识到案管部门在业务管理体系中的枢纽作用，提出了“枢纽”概

念。2014 年 12 月，全国检察机关第一次案件管理工作会议提出，要进一步理顺案件集中管理职能，全面构建在检察长和检察委员会领导下，以办案部门和办案人员自我管理为基础，以案件集中管理为枢纽，以纪检监察、政工人事等部门综合管理为支撑的案件管理立体格局，实现对司法办案活动的有效管理和监督。2017 年 12 月，全国检察机关案件管理工作座谈会提出，案件管理部门要聚焦监督管理主责主业，突出业务监管和业务分析工作重点，积极发挥业务管理枢纽作用。2018 年最高人民检察院案件管理办公室工作要点提出，聚焦案件管理主责主业，突出业务监管和业务分析工作重点，充分发挥业务管理枢纽作用，积极构建新型司法监管机制。在这一阶段，对案管部门在业务管理体系中的定位认识得更加科学，提出了“立体管理格局”和“枢纽”的概念，但工作重心仍然是个案监管，突出强化内部监督、促进规范司法、优化检务公开等，没有从文字上明确业务管理枢纽的职能定位。

### （三）第三阶段：业务指导体系初创，“枢纽”职能定位提出

这一时期主要是 2019 年至 2021 年第二次案管工作会议前。这一阶段，2018 年在最高人民检察院的主持下，检察业务数据分析研判会商开始向全国检察机关普及，案件质量主要评价指标体系也于 2020 年 1 月正式运行，案件管理职能的重心从个案监管迅速向宏观管理转变，首次提出“业务监管枢纽职能定位”。2019 年最高人民检察院案件管理办公室工作要点提出，坚持业务监管枢纽部门职能定位，以强化业务数据分析研判为引领，以探索建立案件质量评价指标体系和建立健全适应内设机构改革后新的办案模式的监管机制为重点，全面履行案件管理职能。“业务管理枢纽职能定位”的明确，是这一阶段案管工作基础性研究的重要成果。

### （四）第四阶段，业务指导体系进一步完善，“中枢”职能定位正式提出

2021年9月，全国检察机关第二次案件管理工作会议上，最高人民检察院党组副书记、分管日常工作的副检察长童建明强调，把握案件管理部门作为检察业务工作“中枢”的职能定位。至此，案件管理部门的职能定位，由“枢纽”升级到“中枢”。之所以定位为“中枢”，是因为“业务工作中枢”相较“业务管理枢纽”而言，“枢纽”偏向于客观作用的体现，“中枢”则尤其强调主观能动作为，体现为引领、主导、统筹作用。这是对案件管理部门职能定位认识的进一步升华，是充分认识到案件管理部门贯通上下左右、有效联系各方，对检察业务工作进行协调运转、专门监督、统筹督促、参谋决策，在确保整个业务管理体系高效有序运转中发挥着关键性、主导性的作用。需要说明的是，确立“中枢”定位，并不否定内部制约监督功能和枢纽功能，而是这两项功能的升级。

## 二、案件管理部门“中枢”职能定位的内在逻辑

社会生活中，从政府部门、部门的内设机构，再到企业内部组织，都涉及职能定位问题。比如政府职能定位，就直接影响到政府在社会和经济中的发挥作用，正确的职能定位可以使政府有效地发挥其职责，实现政治稳定、经济发展和社会进步。而错误的职能定位则可能导致政府职能失衡，进而影响政府的合法性和权威性，甚至可能引发社会动荡。具体到部门的职能定位，是确定一个部门在政府或其他组织中的角色和职责，以及与其他部门之间的关系。案件管理部门的“中枢”定位如何得到各管理主体的思想认同和自觉落实，需要理清中枢职能定位的依据、考量因素以及现实必要性。

## （一）确定部门职能定位的一般考量因素

一般情况下，确定一个部门的职能定位会从上级文件或法律规定中去寻找。《最高人民检察院职能配置、内设机构和人员编制规定》对最高人民检察院案件管理办公室的具体职责作了规定，没有对职能定位进行描述。《人民检察院刑事诉讼规则》第664条规定："人民检察院负责案件管理的部门对检察机关办理案件的受理、期限、程序、质量等进行管理、监督、预警。"这一规定是对案件管理部门基本职责的概括性规定，比较粗疏，也不可能作为案件管理职能定位的依据。所以，只能通过部门职能定位的一般考量因素去寻找依据。部门职能定位是一个比较复杂的工作，需要考虑到组织的各个层面和方面。一是考虑组织的战略目标，了解组织需要哪些职能部门、需要各部门履行哪些职能来支持实现这些目标；二是考虑部门的职责和工作流程，这是进行部门职能定位的重要基础，是以怎样的方式支持组织的战略目标；三是考虑本部门与其他部门的关系，理清各部门在整个体系中的位置；四是考虑部门的人力资源和技术能力，是否能有足够的人力资源和技术能力完成自己的职责和目标。案件管理部门在设立之初，没有具体而明确的"职能定位"这一概念，但最高人民检察院基于对司法办案进行制约监督的考虑，实际上将案件管理部门定位为司法办案内部监督部门，并依此确定了案件管理职能任务，设置相关处室机构。此后，职能定位从"枢纽"到"中枢"，就是充分考虑职责任务由注重个案监管向宏观管理的拓展，功能价值也由个案质效把控向牵引整体检察业务转变，以及在整个管理体系中，案件管理部门与其他部门关系的发展变化。

（二）“中枢”的基本内涵

了解“中枢”的基本内涵，可以验证案件管理部门“中枢”定位的匹配性和契合度。“中枢”，语出汉扬雄《太玄·周》：“植中枢，周无隅”。基本内涵是指事物中起主导作用的部分。查找相关资料，解释均语焉不详。这里，用“中枢神经”这个医学名词来解构“中枢”这一概念。从医学上看，中枢神经的作用至少可以归为以下三个方面：一是控制和协调运动，中枢神经掌管着人体的各种运动，确保身体动作的正确性和协调性；二是控制感知和知觉，脑部通过感觉器官获取视、听、触、味和嗅觉，这些信息会在大脑皮层得到进一步处理和稀释；三是处理和存储信息，接受全身各处的传入信息，经它整合加工后成为协调的运动性传出。案件管理通过业务指导、监管、评价、保障和外部监督五大体系，改变由于业务分工的专业化导致的法律监督整体性不足的问题，可以促进实现检察权运行的整体性、系统性和协调性，起到协助检察委员会、检察长加强宏观管理作用，契合中枢神经的控制与协调、整合传导信息的功能。

（三）确定“中枢”定位的在内需求

一是从必要性角度看，随着司法责任制改革的全面落地，在突出检察官办案自主权、减少内部监督管理层级的情况下，业务管理中公共事务更加集约，更加需要一个强有力的部门，在业务贯通上下功夫，有效统筹各方，发挥好业务协调运转、专门监督、统筹督促、决策参谋等作用，使检察长和检察委员会对检察业务的宏观管理得到具体落实。具体而言，检察长和检察委员会对检察机关业务运行态势具有指导职能，对重大案件和其他重大问题负有决策和监督职能。这些决策、指导和监督，需要一个中枢部门协调相关部门，共同提供决策依据、提供决策意见、督促决策落实。以上正是案件管理部门的功能价值所在。

二是从可行性角度看，作为业务管理枢纽，案件管理部门的职能任务契合了“中枢”的基本内涵，具有其他内设机构所不具有的综合优势。案件管理工作通过集中统一的案件管理，约束、敦促办案部门规范有序地履职办案；通过严谨合理的规则，为业务活动铺设高质高效运行的轨道，防止跑偏，提升检察公信力；通过专门化的横向管理将不同阶段的办案活动连成有机整体，将原有的检察长和检察委员会综合管理、业务部门负责人直接管理、办案人员自我管理和上级院对口指导的模式进行整合，加强各层级、各部门之间的统筹协调，增强监督合力；通过集中统一的案件管理发挥参谋助手作用，实现上级检察院对下级检察院，检察长对各部门办案信息的全面、及时、客观掌握，为上级检察院、检察长宏观决策、统筹推进业务工作提供依据，从而加强检察一体化，促进决策科学化。综上，案件管理的上述职责或功能为确定其为检察业务工作“中枢”提供有力支撑。

三是从现实性角度看，案件管理机制改革十多年来，较好地发挥了监督管理和服务保障作用，但也存在一些突出问题。院党组、检察长层面，对案件管理重要性的认识缺欠，没有把案件管理部门当作业务工作中枢去运用，特别是在基层，给案件管理部门赋予了一些与案件管理职责不相关的工作任务；办案部门层面，把案件管理看成案管部门的事，自我管理严重缺失；协同管理层面，包括政工、法律政策研究、检务督察等部门，缺乏管理意识，协同管理缺位；案件管理部门自身层面，工作中存有畏难情绪，不愿、不敢、不善监管，在真正的监管主业上无所作为。究其原因，与“中枢”定位认识不到位有直接关系。这一现状，亟须改变。而改变这一现状的根本出路在确立案件管理部门的“中枢”职能定位，这是对案管部门十多年来，特别是近年来服务引领检察工作高质高效发展实践的总结提炼。这一定位，能够促使各级院检察长充分认识案件管理的地位和作用，围绕“中枢”定位，合理配置司法资源，妥善安排部署工作；能够促使办案部门对案件管理的认同，理顺关系，形成监督管理合力；能够促使包括案件管理部门在内的各管理主体、协同管理部门，找准各自在管理体系中的位置，做到不缺位、不越位、不错位，促进充分履职；特别是确立了案件管理部门在检察业务管理体系中的特殊地位，从根本上决定案管部门的工作理念、工作重点、工作机制，在案管工作中具有“定盘星”“压舱石”的基础性作用。

## 三、 案件管理部门“中枢”职能定位的基本表征

案管部门一个窗口对外、一个闸门对内，外接人民群众和其他政法机关、内连各个检察业务部门，上接上级机关和本院领导、下连下级检察院和一线检察官，是名副其实的检察业务中枢。具体表现在“三个对接”上。

### （一）在对接检察长和检察委员会层面，案件管理部门是检察长和检察委员会与其他办案部门之间的“总绳”

“总绳”一词来源于渔民结网捕鱼。渔民捕鱼撒网时需要底纲绳来控制网兜，也就是提网的“总绳”，无论渔网有多少网绳，最终都会系束在一根“总绳”上，以“总绳”为中心，渔网可以顺畅展开，也可以收网捞鱼。案件管理部门通过上传下达，成为检察长和检察委员会管理整个检察业务的“总绳”；检察长和检察委员会通过案件管理部门这个“总绳”牵引检察业务整体向前发展。一方面，案件管理部门在履职中掌握全量检察业务数据，负责对各项业务数据，特别是案件质量评价指标数据及其效能进行跟踪监测，对

检察业务运行态势进行分析研判，为领导决策、指挥调度检察业务提供数据支持；另一方面，院领导对检察业务管理的决策部署和工作安排，由案件管理部门向各办案部门、下级院传达，督促落实并向院领导反馈。

### （二）在对接办案部门层面，案件管理部门是办案部门的“诤友”

所谓“诤友”，就是能够直率坦言的朋友，为帮助自己的朋友而勇于当面指出缺点错误的人。案件管理部门作为检察机关司法办案内部监督管理部门，通过统一受理流转案件、提供信息需求、帮助查询数据等，承担事务性工作，服务办案部门集中精力办案；通过流程监控、质量评查等，监督办案活动，促进规范司法；通过案件质量主要评价指标、分析研判等，引导办案活动科学规范运转。案件管理部门与办案部门的关系完全可以称为“诤友”。

### （三）在对接协同管理层面，案件管理部门是其他相关部门的“伙伴”

应勇检察长在国家检察官学院 2023 年秋季学期开学时讲课中强调，要坚持“放权”和“管权”并重、管案与管人结合。而案件管理部门与政工部门、检务督察部门的衔接配合，就是这一要求的具体落实。在案件程序监管、实体监督、数据监管及分析研判中发现的问题，作为政工部门加强干部教育培训、选拔任用、考核评价以及评先评优的重要依据，或者作为检务督察重要线索来源；案件质量评查、流程监控等监管中发现的检察人员违反检察职责线索，移送检务督察部门进行调查处理，形成检察业务管理与干部管理监督衔接互动、协调运转的工作机制，实现管案与管人互促共进，同向发力。特别需要提到的是，内设机构改革后，不少基层检察院的案件管理与法律政策研究室、检察委员会办公室、检务督察等部门合并成一个部门，并作为业务综合部门予以配备员额检察官，其“中枢”职能显得更为强大。

## 四、案件管理部门“中枢”职能的实现路径

检察业务工作“中枢”职能定位，不是明确了这一定位，“中枢”作用就发挥了。怎么判断是否发挥“中枢”作用，应当有一个评判的标准。对于这个标准，笔者认为，应当做到“七看”：即看领导决策依据是否准确、看业务评价标准是否科学、看案件质量是否过硬、看办案程序是否顺畅、看业务数据是否可靠、看内部监督是否严密、看业务需求是否统一。① 要达到这七条标准，案件管理部门是基础，是关键，但也不是仅靠案件管理部门一家能够实现，还需要院党组、检察长，办案部门以及其他协同管理部门的共同努力。

### （一）依靠各级院党组、检察长的认同和运用

应勇检察长在2023年大检察官研讨班上指出：“检察长不敢管、不去管、管不好检察官办案，就是落实政治责任、法律责任不到位，就是失责失管失察！”检察长抓案件管理的重要抓手就是案件管理部门，发挥案件管理部门职能作用的关键在于是否认同“中枢”、建好“中枢”、用好“中枢”。一是准确理解“中枢”职能定位。院党组、检察长对案件管理职能定位理解有偏差、认识不到位，“中枢”作用就很难发挥。检察长要始终把“总绳”握在手中，通过“总绳”起到“纲举目张”作用，善于运用案件管理部门，贯

① 申国军、韩孔林：《业务中枢定位是对案管工作高质量发展新的更高的要求》，载《检察业务管理指导与参考》2022年第1辑（总第13辑），中国检察出版社2022年版，第102—106页。

通上下左右，有效联系各方，确保整个业务管理体系高效有序运转。二是建好“中枢”机构。要有“中枢”相匹配的机构队伍，否则，“中枢”也徒有虚名。调研了解到，有的市县院仅靠聘用人员从事案管工作；有的承担过多事务性工作。当然，每个院可能都有自己的特殊情况，很难有一个统一的解决办法，但是可以根据自身实际，人多可以多配人，人少可以配强人，使这个“中枢”机构与本院检察业务工作相匹配。实践中，还需要把握两个基本原则，就是不能把案管部门搞成“大内勤”，只做事务性工作；也不能搞成“不管部”，脱离“中枢”职能，承担与案件管理无关的综合性任务，否则，管理、办理都抓上不去。三是切实用好“中枢”。“中枢”作用要靠检察长推动，靠检察长运用，让“中枢”干“中枢”的事，让“中枢”切实发挥作用，做到名副其实。检察长、检察委员会要通过发挥案管部门“中枢”作用，了解检察业务宏观态势、微观质效，指挥调度检察业务，确保检察工作贴近党中央决策部署，跟上最高人民检察院的工作要求，保证业务工作方向；把控案件质量效率效果，改进本地、本院检察业务工作中存在的突出问题；围绕本地经济社会发展和社会治理，向党委政府提出司法服务保障的意见建议，在服务大局中积极发挥作用，切不能把职能搞偏了，地位拉低了，作用变小了。

### （二）依靠各部门之间工作互通共融

案件管理部门作为检察业务工作的“中枢”，需要主动与相关部门工作互通共融、业务协同衔接，形成案件管理共同体。一是加强与办案部门的沟通配合，形成自我管理与集中管理之间的有效衔接。案件管理部门要主动了解具体业务部门的工作部署和工作动态，既服务办案又加强监督管理，推动“四大检察”之间融合发展，形成法律监督合力。二是加强与政工部门的沟通配合，形成案件管理与队伍管理之间的有效衔接。一方面，针对检察官业绩考评等工作，案件管理部门按规定做好协助工作；另一方面，将案件管理成果与干部队伍教育培训、表彰奖励等有机衔接，主动共享检察人员业绩情况，争取及时转化为队伍管理的具体措施和相关制度。三是加强与检务督察部门的沟通配合，形成案件管理与督察管理工作之间有效衔接。加强工作配合、信息共享、追责衔接，案件管理过程中发现的突出问题，特别是检察人员违反检察职责情形，要及时移送检务督察部门调查处理。

### （三）依靠案件管理部门充分履行职责

案件管理部门的“中枢”职能定位要靠自身工作业绩来奠定。一是要主动统筹谋划而不是被动等待安排。案管部门要“想领导之未想”，主动向检察长和检察委员会提供检察业务态势、办案质效等情况，为检察长和检察委员会统筹调度检察业务提供参谋服务。二是要主动传达反馈而不是“下塞上聋”。做好检察长和检察委员会对业务工作要求的“传导器”，及时向办案部门传达检察长和检察委员会的要求，并主动报告反馈落实情况，确保各项工作沿着正确的方向推进。三是要充分履职而不是流于形式。要在服务科学业务决策的同时，强化个案管理、个案监督、个案评判，切实通过高质效管好每一个案件，助力高质效办好每一个案件。四是要强化“管好管理”而不是放任不管。“管好管理”是充分履职的前提和基础。要加强案件管理的科学化、规范化、精细化建设，使管理工作有据可依；要解决存在的突出问题，特别是采取切实管用的措施解决“同级监督难”“本院监督难”以及不敢监督、不会监督等问题；要切实构建上下一体履职的工作机制，推动形成高质效的案件管理格局。

# 理论前沿

LILUN QIANYAN

# 以“两个结合”指引检察听证工作高质量发展

最高人民检察院案件管理办公室青年理论学习小组

## 目　次

党的二十大报告指出，坚持和发展马克思主义，必须同中国具体实际相结合、同中华优秀传统文化相结合。检察听证制度根植于中华优秀传统文化，与中国具体实际紧密结合，通过直接吸纳人民群众参与司法活动的方式，将“以人民为中心”的发展理念和全过程人民民主落到实处，是一项富有中国特色、符合中国国情的制度创新。进一步完善检察听证制度，推动检察听证工作高质量发展，必须继续坚持以“两个结合”为指引，深刻领悟“第二个结合”的重大意义，注重从中华优秀传统文化中汲取智慧。

## 一、面向历史——检察听证制度是对中华优秀传统文化的创造性转化和创新性发展

听证的概念一般被认为起源于英美法系国家，是从“自然公正原则”和“正当法律程序”中推导而形成的，① 但是在中国古代传统思想文化中，也能寻找到与听证价值相契合的理念和制度。检察听证制度作为一种独具中国特色的听证类型，其产生与发展亦与中华优秀传统文化密不可分。

### （一）检察听证制度与“兼听”思想

“兼听”即“兼而听之”，要求决策主体听取各方面的意见，以公允、不偏为内在要求。对“兼听”思想最早进行集中阐述的当属荀子。第一，明确提出“兼听”的概念。《荀子·王制》中写道：“本政教，正法则，兼听而时稽之，度其功劳，论其庆赏，以时慎修，使百吏免尽而众庶不偷，冢宰之事也。”第二，指出“兼听”的重要意义，“兼听齐明则天下归之”。如果君主广泛听取意见，其

① 参见张昌辉：《司法听证：群众参与价值及其运作》，载《政法学刊》2017 年第 4 期。

所作出的决策就是合乎正道的，百姓就会归顺君主。第三，指出“兼听”要有谦虚的态度。《荀子·正名》中写道：“有兼听之明，而无矜奋之容。”只有虚心以对，才能把各方面的意见真正听进去。

此后，“兼听”思想不断发展，“兼听则明，偏信则暗”成为开明统治者治理国家的重要遵循。“今兼听杂学缪行同异之辞，安得无乱乎？”统治者在“听”的同时要进行判断和选择，这就是所谓的“兼听独断”机制。“兼听独断”，谋之在“兼听”，断之在“独断”，“兼听”是“独断”的基础，“独断”是“兼听”的结果，二者是辩证统一的。①“兼听独断”机制既能保障统治者独揽决断权，又能减少决策失误，并由此延伸而产生了集议、审议、咨询、奏报等制度。“兼听”思想启示我们，既要以谦虚的态度广泛听取各方面的意见，又要依法独立审慎作出决断。

检察听证制度的重要功能之一在于辅助检察机关进行决策，即对于事实认定、法律适用、案件处理等方面存在较大争议或者有重大社会影响的案件，检察机关作出最终决定前，当面听取当事人和其他相关人员意见，为案件各利害相关方提供举证质证、辩驳的机会。在综合听取各方意见的基础之上，检察机关依法独立作出最终决定。通过检察听证，有效避免检察机关因偏听偏信而作出不公正的处理结果，这正是对中华优秀传统文化中“兼听”思想的继承与发展。

### （二）检察听证制度与“无讼”思想

“无讼”思想是中华法系精神和智慧的集中体现，体现了中国人自古至今对社会秩序和谐完美的价值追求。“讼，争也。以手曰

① 参见樊有平：《论中国古代专制君主“兼听独断”决策机制》，载《河南师范大学学报（哲学社会科学版）》2010 年第 1 期。

争，以言曰讼。”最早提出“无讼”思想的当属孔子，在《论语》中有“听讼，吾犹人也，必也使无讼乎”的说法。孔子认为，伦理教化为治世良方，人与他人的初始关系是伦理性的，正因如此，才有可能在一个伦理人组成的世界里，通过教化减少纠纷、杜绝犯罪乃至实现“无讼”。[①] 因此，“无讼”思想是通过道德教化使民众主动守法，从源头上避免纠纷出现。概言之，“无讼”不是手段，而是目的。在价值层面，“无讼”思想表现为从源头上减少甚至杜绝纠纷的发生；在实践层面，“无讼”思想主张通过调解协商的方式化解纠纷。

检察听证制度的另一重要功能就是促进矛盾纠纷的有效化解。通过释法说理，让当事人消除误解、理解法律、明白事理，促进纠纷的实质性化解，达到息诉息访的目的。2019 年以来，全国检察机关开展公开听证案件数量逐年上升，信访矛盾化解率也逐步提高。2022 年共开展公开听证案件 2.7 万件，矛盾有效化解率为 82.2%。[②] 检察听证将矛盾纠纷化解在检察环节，这是对“无讼”思想的最好践行。

### （三）检察听证制度与“富则教之”思想

教化之道是儒家思想的精髓所在。历代思想家不仅从历史的镜鉴中总结了重民、富民对国家强盛的重要性，同时也重视教民的必要性，特别是在民衣食足之后，强调富则教之。

施行教化，当以德为先、明刑弼教。正如孔子所言：“道之以政，齐之以刑，民免而无耻。道之以德，齐之以礼，有耻且格。”德礼的教化不仅使人知耻，还能使其自觉地达到道德的标准，远胜

---

① 参见陈景良：《“天下无讼”价值追求的古今之变》，载《政治与法律》2023 年第 8 期。

② 参见王冬：《检察机关创新开展“上门听证”把矛盾化解在信访群众“家门口”》，载正义网，http://news.jcrb.com/jsxw/2023/202303/t20230303_2501027.html。

于刑罚的强制作用。明刑弼教就是以刑罚为政教之用。韩非子提出："一民之轨，莫如法；厉官威民，退淫殆，止诈伪，莫如刑。"通过彰显法律规范的内容，使民众知法、懂法从而守法，表明法律非以刑人为目的，而是使民远恶迁善。明太祖朱元璋认为，要达到天下大治，应以德化天下，但推行德化的同时"亦以五刑辅弼之"。

概言之，"富而教之"的教化思想以物质生活得到基本保障为前提，要求通过道德教化提升民众的道德修养，以德化民，从而巩固统治的群众基础。与此同时，通过向民众宣传法律规范的内容，使民众知法守法，从而发挥法律止恶劝善的功能，让守法者如沐春风、违法者如履薄冰。

改革开放以来，我国经济实力持续跃升，人民生活得到了极大改善。在物质极大丰富的今天，有必要进一步加强道德和法律教育。对于检察机关而言，检察听证制度提供了开展普法教育的良好平台。检察官通过面对面与当事人进行沟通交流，开展释法说理活动，让当事人明晰法律规定的具体内容和在实践中适用法律规定的具体标准，这也是对当事人、旁听群众等的普法教育。通过公开听证的形式，实现"办理一案，教育一片"的法治宣传效果，正是对"富而教之"思想的生动实践。

## 二、 面向现在——检察听证制度是立足于中国国情的优秀制度创新

检察听证制度既吸收借鉴了中华优秀传统文化的精髓，也符合中国的具体实际。检察听证制度既不同于英美法系国家的司法听证制度，也不同于大陆法系国家诸如日本的检察审查会制度，其创设是立足于中国的国情、党情和检情，解决的是中国的现实问题，回答的是中国之问。

## （一）检察听证制度根源于我国国情的发展变化

为了回应人民群众对法治方面内涵更丰富、水平更高的需求，持续优化检察供给，最高检党组旗帜鲜明提出“高质效办好每一个案件”的要求。检察听证制度是检察机关落实“高质效办好每一个案件”的重要方式。

在实体上，检察听证制度创设了检察官直面当事人进行监督办案的空间和架构，通过遵循以“听”为主、以“问”为辅、以“查”为补的逻辑进路，真切感受当事人的想法和诉求，补足了仅通过书面材料审查案件的短板，更有利于查明客观真相，接近实体真实①。在程序上，检察听证制度通过类似诉讼化的程序设计，在检察办案过程中引入第三方人员，形成三方关系的结构形态，这强化了对检察官自由裁量权的监督，减少检察权被滥用的可能，以程序正义促进实体公平。在效果上，检察听证制度让人民群众尤其是当事人实际参与到检察办案程序之中，使其亲历司法过程，在听证过程中检察官倾听当事人的意见，并对其进行释法说理，这既保障了当事人的参与权、表达权和监督权，又以让当事人听得懂、能理解的方式了解检察机关作出最终决定的原因及理由。检察听证制度在提升办案质效、实质性维护公平正义方面具有突出作用，体现了检察机关为人民司法的鲜明品格，是对人民群众对美好生活向往的积极回应。

## （二）检察听证制度是对党中央决策部署的贯彻

党的十八大以来，在习近平新时代中国特色社会主义思想指引下，新时代“枫桥经验”实现了从乡村到社区、从解纷到服务、从

① 参见李淮：《检察听证的功能定位》，载《人民检察》2023 年第 14 期。

社会治安到平安建设的应用升级，成为全面推进依法治国的重要抓手和法治载体。① “枫桥经验” 所强调的是 “小事不出村，大事不出镇，矛盾不上交，就地化解”，丰富了软法治理的基层实践。学习贯彻 “枫桥经验” 是党中央的重大决策部署，对于妥善化解纠纷、解决人民内部矛盾具有重大的指导意义。

检察听证制度是检察机关坚持和发展新时代 “枫桥经验” 的重要举措。按照 “止于至善” 的目标要求，通过开展公开听证，促进矛盾纠纷及时就地化解。党中央印发的《中共中央关于加强新时代检察机关法律监督工作的意见》中明确要求 “引入听证等方式审查办理疑难案件，有效化解矛盾纠纷”，将检察听证上升为党中央的制度安排。因此，必须明确认识检察听证是为大局服务的司法活动，以高度的政治自觉、法治自觉、检察自觉开展检察听证工作，实现将检察听证案件从明辨是非、定分止争的 “办准” 发展为息诉罢访、案结事了的 “办好”。

### （三）检察听证制度适应于检察履职的新需要

进入新时代，检察机关构建起刑事、民事、行政、公益诉讼 “四大检察” 法律监督新格局，检察工作实现了职能重塑、机构重组、机制重构，在法治中国建设中发挥了积极作用。检察听证制度因 “四大检察” 格局而兴，又服务于 “四大检察” 监督办案。《人民检察院审查案件听证工作规定》（以下简称《听证工作规定》）所明确的适用检察听证的七类案件，均属于 “四大检察” 中的主要监督办案类型。

对于刑事检察而言，改革开放以来，我国刑事犯罪结构发生了

① 参见叶阿萍：《论新时代 “枫桥经验” 的法治化进路》，载《法治研究》2023 年第 5 期。

明显变化：杀人、抢劫等严重暴力犯罪大幅度持续下降，危险驾驶、电信诈骗等新型危害经济秩序、社会管理秩序的犯罪大幅度上升，超过 85% 的刑事案件是被判处 3 年有期徒刑以下刑罚的轻罪案件。面对犯罪结构的调整，检察机关全面、准确落实宽严相济刑事政策，做到严惩严重犯罪不动摇，增强“严”的威慑力，同时规范“宽”的一面，对轻微犯罪、初犯、偶犯等依法从宽处理。对于与日俱增的不批准逮捕和不起诉案件，如何准确把握羁押必要性审查和相对不起诉标准就成为一个现实问题。通过引入检察听证制度，让检察机关在作出终局决定前综合听取犯罪嫌疑人、被害人以及第三方人员的意见，既为检察官决策提供参考，又对检察权的运行进行监督制约，防止检察官自由裁量权的滥用。

2024 年 1 月召开的全国检察长会议指出，民事检察要下大力气提升自身能力水平，加大监督力度，实现有效监督；行政检察中心是行政诉讼监督，扎实有序推进行政违法行为监督；公益诉讼检察要以专门立法为契机进一步加强。解决民事检察不会监督、行政检察不敢监督的问题，就需要充分发挥检察听证制度的作用。通过检察听证，既可以听取各方当事人意见和诉求，从而准确把握矛盾纠纷的关键，从诉争的核心入手进行事实认定和法律适用，又可以听取专家学者的咨询意见，为检察官作出决策提供智力支持。对于如何在新领域开展公益诉讼检察探索，检察听证制度提供了很好的答案。通过公开听证，如果听证参与人员普遍赞同检察机关的公益诉讼相关探索，可以认为这种探索代表了民意，在有民意做背书的情形下，检察机关当然可以大胆进行尝试；如果听证参与人普遍不赞同，那么检察机关在进行相关探索时就应当保持谨慎。

检察听证制度所适用的案件类型不同，其所起到的功能也不尽相同，但可以肯定的是，所有检察听证都能够解决检察机关面临的实际问题，适应检察监督办案履职的需要。

## 三、面向未来——检察听证制度在“两个结合”指引下的创新与发展

检察听证制度在发展中创新，在创新中发展，已经取得了良好的实践效果。随着检察听证工作的深入发展，一些新问题、新情况也不断出现，诸如检察听证定位不明确、检察听证机制设计不完备、检察听证形式化等现实问题制约着检察听证工作的高质量发展。进一步完善和发展检察听证制度，必须以“两个结合”为指引，立足我国具体实践，吸收借鉴中华优秀传统文化的思想理念和制度设计，在提升检察听证质量上下足功夫。

### （一）明确检察听证案件的范围

《听证工作规定》中明确列举了可以召开听证会的七种案件类型，包括在事实认定、法律适用、案件处理等方面存在较大争议或者有重大社会影响的羁押必要性审查案件、拟不起诉案件、刑事申诉案件、民事诉讼监督案件、行政诉讼监督案件、公益诉讼案件以及需要核实评估犯罪嫌疑人是否具有社会危险性、是否具有社会帮教条件的审查逮捕案件。司法实践中，在听证案件的选择上存在两种倾向：一是检察听证只针对上述列举的七类案件开展；二是为了凑数而对在事实认定、法律适用及案件处理等方面没有争议的简单案件开展检察听证。有鉴于此，需要更进一步地细化听证案件的范围，既做加法，又做减法。

做加法，就是进一步拓展检察听证的案件类型。最高检对各级检察机关提出“能听证尽听证”要求，“能”指的是具备听证条件，“尽”指的是无遗漏、无选择性安排听证活动。显然，根据这一要求，检察听证适用的范围不应局限在上述七种类型的案件，而应进一步予以拓展。凡是检察机关作出终局性决定的案件，如不起诉案

件、拟不支持当事人申请的民事及行政监督案件，由于该决定一旦做出就具有法律效力，会终结对案件的审查，因此应当开展检察听证。对于核准追诉、司法救助、国家赔偿等类型的案件，确有必要的，也可以开展检察听证。

做减法，就是对于与《听证工作规定》强调的听证案件属于“存在较大争议，或者有重大社会影响”精神相偏离的简单案件和矛盾纠纷不突出的案件，不应当开展检察听证。对没有争议和社会影响的简单案件开展检察听证，无疑是走形式凑数，浪费司法资源，因此需要将其排除在检察听证范围之外。

### （二）健全听证员的选取使用机制

检察听证会质量的高低与否，一个重要的影响因素就是听证员的选取使用是否合理。根据《人民检察院听证员库建设管理指导意见》（以下简称《指导意见》），人民检察院组织召开听证会，一般应当从听证员库中选取听证员，而听证员库的人选范围，除了人民检察院主动邀请外，还包括国家机关、群团组织、企事业单位和社会组织等单位推荐和群众根据征集听证员库成员公告自愿报名。司法实践中，听证员库中的人选主要为各单位的推荐，其中具有法学背景的占据较大比例。检察听证案件虽是法律方面的纠纷，但其涉及社会生活的方方面面，很多专业问题不是法律工作者能够准确把握的，因此在听证员库建设过程中，检察机关应当有意识地多吸收其他领域的专业人士。此外，为了使听证结果更贴近民意，也应当借鉴传统文化中民间社会自行处理纠纷的方式，注重吸收具有一定社会工作经验、德高望重的基层群众代表到听证员库中，他们更贴近基层、贴近生活实际，能够反映出最真实的民意，这也是检察机关在检察听证中所应当“兼听”的内容。

同时，听证员的选取还应当根据具体案件的不同情况进行具体的把握。《指导意见》中规定，经检察长批准，可以邀请听证员库以外人员担任听证员，这为灵活选择听证员提供了规范上的依据。对于控告申诉类案件，尤其是长期信访的案件，解“心结”往往比解“法结”更重要，很多申诉人可能明确知道自己申诉的内容不符合法律的规定很难被支持，但是他们心中的愤怒和不满无法得到有效的化解。对这种案件开展检察听证，就需要以解“心结”为重点，可以邀请申诉人所在村委会或居委会的干部群众等这些身边人担任听证员，让申诉人聆听身边人的意见和想法，再配合检察官的释法说理，往往能取得更好的效果。

### （三）建立以听证会为核心的案件办理机制

检察听证制度建构了类似于法院庭审的模式，相当于检察官的“开庭”，因此必须把案件办理的实质性内容放在检察听证会中，充分发挥检察听证的制度效能。司法实践中，有些地方检察机关会在检察听证会之前提前与当事人进行沟通交流，通过听取意见、释法说理、开展调解等工作，对案件的处理已经有明确的结论或者已经达到息诉息访的效果，此后召开的检察听证会实际上变成了对案件处理结论的程序性确认，各方当事人对检察机关的结论均无异议，检察听证会变成了“走过场”。

首先，应当正确认识开展检察听证的目的，检察听证应当是带着问题去听，而不是带着结论去听。其次，可以参考法院庭前会议的相关经验，检察官在与当事人提前接触时，应当主要确认诸如回避等程序性问题以及不存在异议的证据材料，避免产生“先入为主”的认识，出现“偏听”。对于实体性有争议的问题，应当在检察听证会上听取意见，让双方充分进行质证、辩论。最后，更加重视听证员发表的听证意见。目前《听证工作规定》将听证员的意见定位为检察机关依法处理案件的重要参考，对于拟不采纳听证员多数意见的，应当向检察长报告并获同意后作出决定，这一规定没有体现出对听证员意见的足够尊重。① 对此，可以借鉴人民监督员制度的相关规定，对于检察听证设置结果反馈机制，如果检察官不采纳听证多数意见，还应当承担解释说明义务。②

（四）加强检察听证外部监督

根据《听证工作规定》，对于公开听证的案件，公民可以申请旁听，人民检察院可以邀请媒体旁听，经检察长批准，人民检察院可以通过中国检察听证网和其他公共媒体，对听证会进行图文、音频、视频直播或者录播。公民旁听和听证直播上网是对检察听证的重要外部监督方式，对于提升检察听证工作质量具有重要意义。

目前，从公民参与旁听情况来看，主要是检察机关邀请旁听较多，群众自行申请旁听较少；从中国检察听证网的情况来看，在互联网上直播或录播的听证会数量与应当开展听证会的数量相比存在较大的差距。对此，应当细化公民申请参与检察听证的相关规定，明确申请旁听的程序，及时发布公开听证公告，加强对检察听证工作的宣传，让更多群众知道并愿意参与到检察听证中；建议将听证直播上网的相关规定修改为“人民检察院应当通过中国检察听证网和其他公共媒体，对听证会进行图文、音频、视频直播或者录播，听证会内容涉及国家秘密、商业秘密、个人隐私、未成年人犯罪以及其他依照法律法规和最高人民检察院有关规定不应当公开的除外”。

---

① 参见申国军：《中国检察特色听证制度理论与实务研究》，载《人民检察》2023 年第 7 期。

② 参见于丽红、邓洪涛：《论检察听证制度诉讼化改造》，载《江西社会科学》2022 年第 9 期。

# 以数字思维赋能数字案管建设的几点思考

柴慈永　王　斌*

## 目　次



数字检察是数字中国在检察机关的具体体现。数字思维将不断融入检察工作的方方面面。作为检察机关业务管理的“中枢”，案件管理部门应当积极拥抱变革，主动融入数字检察的发展潮流，推动案件管理工作的数字化转型。建设“数字案管”是落实最高检数字检察战略的具体措施，也是实现案件管理工作纵深发展的必由之路。

---

* 柴慈永，天津市人民检察院案件管理办公室副主任；王斌，天津市人民检察院案件管理办公室检察官助理。

## 一、 案管工作与数字检察的联系

数字检察需要以数据为基础，冰冷的数据要和活跃的思维紧密结合才能发挥其价值。案件管理部门在检察业务中处于“中枢”地位，与“数据”维度之间存在着天然的紧密联系，是数据生产的参与者、数据质量的监管者和深度信息的提纯者。如何充分利用这个“数据金矿”，发挥自身定位优势，拓展数字思维，是案件管理部门需要深入思考的问题。

### （一）数据中枢：案件管理部门的数字侧像

案件管理业务与“数据”结合的深度和广度明显有别于其他部门。案件管理部门严格贯彻填录标准，借助“数检通”等智能辅助工具，通过有效的流程监控提高业务部门办案数据的质量，并以其为基础生成分析报告，是名副其实的数据中枢。

首先，案件管理部门能够接触全流程的数据。基础业务范围涵盖了受理流转、流程监控、结案审核、案件评查的全生命周期。案件管理部门从受理工作开始，就接触案件的具体信息，同步开展的流程监控工作更是程序监督和数据监督相结合的具体手段，结案审核也是对数据的一道把关。虽然案件管理部门没有参与具体的案情分析、文书拟制，但对案件的办理进度、关键结论、结果流向等都有着全链条的掌控。

其次，案件管理部门可以掌握全域范围内的案件信息。这里的“全域”包含了时间与空间两层概念。根据《全国检察业务应用系统使用管理办法》，案件管理部门有权限获知每个检察官的办案情况，也可以了解不同部门之间的案件整体情况，对于省市级院而言，还能获得辖区各级院不同业务部门、每类业务不同检察官的案件办理信息。与具体办案的业务部门相比，案件管理部门有着更广的数据视野。这一优势赋予了案件管理部门不同于办案部门的数据视角，既可以根据时序数据发现趋势，又能根据空间数据判断差异，还能跨业务条线感知关联，具有超出检察官和业务部门的全域分析能力。

最后，案件管理部门对数据有着更高的敏感性。统计业务一直以来就是案件管理工作的重要组成部分，其掌握的数据多数为易于分析的结构化数据，是最容易通过技术进行抽象、总结的资源。而且统计业务对案卡的核查校验严谨而频繁，能够及时发现并纠正不正确、不规范的信息，有效提升数据质量。在统计和校验的过程中也更容易发现异常的数据动向。统计业务为大数据技术的应用把好了数据质量关，是“数据金矿”的提纯者。

### （二）数字思维：案件管理部门的优势和局限

案件管理部门在数字思维方面有着独特优势。一方面，案件管理部门具有天然的“数据思维”。这是因为流程监控、数据分析等工作都建立在检察业务应用系统的结构化数据基础之上。这使得案件管理部门的检察官具有更高的数据敏感性，更加适应从数据出发的思维方式。另一方面，案件管理部门的视角则更为宏观，能够从整体角度分析思考。数据本身是客观的，但是对它的分析和利用会受到人的影响。案件管理部门接触的案件数量多，思维也不聚焦于特定案件。这一特点决定了其视角不限于一个案件，也不囿于一类案件，更不会存在单位、业务条线的门户之见。相比之下，业务部门的检察官更习惯将思维聚焦到具体案件中，容易掉入重业务轻数据的认知陷阱。

然而，案件管理部门的数字思维也存在不可忽略的缺点，就是对业务细节逻辑了解不足。数据的分析和结论的应用最终都要落实到案件办理中，如果对背后的逻辑不了解，就无法判断哪些数据存在价值，更难以确定分析角度，遑论将分析结果与业务结合。在这样的情况下，数据分析难以做到持之有故、言之成理。这会导致业务部门对分析的结果没有好感，而分析研判则只能通过罗列数据的升高和降低来获取关注，浅陋的分析结果更进一步招致业务部门的反感，使工作进入恶性循环。

由此可见，强化数字案管建设，强化数字思维，一是要扬长避短，在案件管理领域深耕细作，只有让更多的案管人具备数字思维，才能更有效地利用自身的数据优势；二是要取长补短，强化与其他业务部门的沟通，更多地了解案件的办理思路，将其融合到数字案管思维中，弥补业务逻辑不足的弱点，更好发掘案管手中“数据金矿”的价值。

## 二、数字思维与案件管理工作的结合

数字思维需要根据案件管理工作的特点，选择业务中典型的数据特征，并能够显著提升办案质效的环节进行结合。

### （一）全面剖析案件特性，推动案件分配更加科学

在检察业务应用系统上线后，案件管理部门一直贯彻“随机分案为主、手动分案为辅”的轮案规则。但实际操作中，不同类型案件的难易程度不尽相同，同类型案件之间也存在复杂度的差异，检察官的业务水平和专长领域也各不相同。单纯的随机分案可能导致工作量和工作难度无法均衡，检察官之间忙闲不均，工作强度时高时低。

为了优化这一问题，我们可以借助数据技术收集“案件”和“承办人”两侧的数据并分析建模。对“案件”一侧，可以对特定类型案件的发案频率和趋势、案件的复杂程度、案卷材料数量、涉案人员数量等数据进行汇总评估，而不再以“一件案件”为单位进

行考量。在“承办人”一侧，则可以结合承办检察官的专长领域、办案习惯以及过去办理案件的时长等信息，对每位检察官进行综合评估。此外，还应将本部门或本单位的整体办案力量纳入考虑范围，以便更全面地进行量化评估。

一是可以构建更科学的案件分配机制。在受理过程中，通过分析案件的特征信息，对其复杂程度进行量化，预估不同承办人的办案时间，并以此为依据进行案件分配。对于较为复杂的案件，可以间隔较长时间后再行分案，或复杂案件与简单案件交替分案，防止忙闲不均。

二是可以建立更公平的绩效评价机制。业务娴熟的检察官即使办理复杂案件，仍可能用时更短，效果更好，单纯考察平均办理时间或者案件的绝对数量，无法有效对检察官的贡献做出肯定，也会打击检察官的工作热情。通过对案件难度、办案效率等因素进行更为精准的评价，可以使检察官的工作量得到更好的体现。

三是可以建立量身定做的培养机制。一名优秀检察官的成长离不开大量案件的实践，在不影响办案质量的前提下，可以根据不同承办检察官的专长和不足，对同一案件分配给不同检察官后的办理效果进行预估，结合部门的培养计划进行分配，使检察官在办理案件的同时拓展视野、积累经验、提升能力。

四是可以为办案力量的调配提供参考。通过分析整体办案强度和人力，可以初步衡量不同业务部门、不同办案单位的案件难度、效率、质量，进而获得区别于单纯计算办案量的、更为平衡的工作强度指标，更合理地反映承办检察官的工作压力，并为检察办案力量的调配提供更合理的参考。

### （二）同步案件办理过程，促进流程监控更为精准

案件管理部门对在办案件进行流程监控，是检察机关提升办案

质效的重要管理手段。如何从大量案件中快速定位问题案件，面临着类型广泛、样本量大、筛选成本高的挑战。定位问题案件的工作重复性强，机械性分析部分较多，对人力占用率高而收效较低。当前检察业务应用系统虽然具备了一定的流程监控筛查能力，但其监控维度有限，主要集中在办案时限、文书出具、案卡填写等程序性问题上，对案卡逻辑冲突、文书案卡不一致等问题的定位则不够理想，难以满足高质量开展流程监控工作的要求。

从数据特征看，案件的办理时限、案卡填录、文书制作，都严格受到刑事诉讼法、《人民检察院刑事诉讼规则》等法律法规的限制，同时系统填录标准及系统本身逻辑对案卡信息的填写有着较为明确的要求，使得案件的流程信息有着明显的可结构化、可数据化特征。从数字思维角度来看，这些数据资源具备数据规模大、结构化程度高、时间序列性强、数据质量高等优点，是大数据分析的极佳样本。

基于数据分析结果的案件监控，可以将流程监控人员从粗放的重复性劳动中解放出来，在有效节约人力的同时，还能提高监控的效率以及监控的全面性、准确性。同时，计算机的数据吞吐量远大于人类，能够从大量数据中提炼出承办人、承办部门的办案特征，发现共性问题，这是人力视角所不能及的。而这一应用场景让流程监控人员能够有针对性地对承办人的办案习惯发出提醒，把工作做在瑕疵发生之前。

### （三）精细分析全量案件，助力案件评查更为客观

相对流程监控而言，案件评查面对的案件情况更为复杂。需要重点分析的案卷、判决等资料结构化程度较低，对价值判断等抽象思维的要求更高。因此，单纯的数据分析在案件评查领域容易得出形而上学的结论。即便如此，数字思维在案件评查领域仍然可以作

为支持、辅助工具，为评查人员减少机械工作量提供意见参考，进而提高评查效率和效果。

首先，运用数字思维能够更精准地筛选出异常的、有代表性的案件。从大量案件中挑选出评查对象是业务开展的前提。传统的随机抽查方式代表性不强，由各单位自查报送则可能存在单位选择性报送的情况。为解决这一问题，可以利用数据技术对域内全量案件进行分析，提炼在办案程序、办理结果等方面存在共性的类案，运用线性回归等算法，将与共性偏离较大的案件筛查出来供评查人员进行抽检，以提高筛选效率和精度。

其次，运用数字思维能够避免评查人员的主观影响。在实际工作中，时常需要抽调一线检察官参与评查，其结论高度依赖于评查人员的知识储备和分析能力。不同的人对"问题"标准的把握不同，容易出现意见分歧。此外，由于评查人员与被评查人都是检察官，评查人员可能会存在"好人思想""怕得罪人"的思想包袱，影响作出客观评价。而大数据以海量案件的共性为基础进行分析，其标准稳定、一致，不受人的主观影响，可以作出更为客观的初步评价。

再次，运用数字思维能够提升评查视角高度。从单一案件来看，可以把握案件办理流程的全景；从类案来看，可以得到更为立体而共性的结论，进而发现个案的差异；从全量案件来看，通过对全量案件的办理环节和数据进行分析，可以发现更多维度的关联，并从中发现人工筛查难以觉察的趋势和联系。这些分析结果可以为评查人员提供参考，用以扩展评查视角，使结论更为客观、全面。

最后，运用数字思维能够实现评查结果的再利用。在完成评查后，评查人员可以将结论重新反馈给案件评查系统，帮助系统进行迭代反馈。将已评查的案例作为标尺，再次对类案进行过滤。这既能避免评查人员的重复劳动，也实现了对评查人员的智慧和劳动的升华。通过对“案件”集合和“已评查案件”集合进行碰撞，能够更精准地实现对类案的筛查，进一步提升大数据对案件评查工作的辅助能力，最终形成一个高度凝聚评查人员经验的、具有自我循环完善能力的大数据案件评查系统。

### （四）深度挖掘数据价值，驱动业务分析精准研判

统计业务是案件管理工作的传统业务，依托统计数据进行分析研判更是案件管理工作的核心业务之一。长期以来，分析研判工作为领导科学决策提供了有力的参考，对推动检察工作发展发挥了重要作用，是大数据技术发挥作用的天然战场。

一是过滤数据瑕疵，提升基础数据质量。办案活动是数据产生的前提，但由于承办检察官或是注重实体办案、忽视数据填录，或是对计算机操作不熟练，或是对填录标准不熟悉等导致数据项中存在瑕疵数据。统计人员在“数据巡逻车”等软件筛查后，仍要进行人工审核，并要与承办人沟通后进行纠正。通过对案卡项目的大数据分析，可以更快找到同类数据中的瑕疵数据，还能筛查出符合填录规则、没有数据错误，但与案件办理逻辑不符的数据，是传统的以填录规则为核心的检查方式做不到的。

二是深入探究数据，提升分析研判质量。分析研判并不是将数据简单地罗列在一张图表中，也不是数据排列组合的文字游戏，更不是简单的数据上升下降问题。仅仅数据准确是不够的，还需要将其放到合适的上下文中，结合多维度的数据集，才能正确地理解和解释它们，否则这些数据会造成某种意义上的误导。如统计学中著名的“辛普森悖论”，将数据作为一个整体考察和拆分出不同的子类进行考察时，会得出完全相反的结论。对数据进行分析，不仅需要有正确而敏锐的思维，还需要对数据逻辑有着全面的认识。但是面对大量数据时，人类思维、记忆能力均显得力不从心。大数据擅

长发掘不同数据间的相关性，可以替代人力对数据进行全面的审视，大幅度提升信息的发掘和处理能力，发现在人力查看相对“小”的视野里难以察觉的问题，将分析人员从数据海洋中解放出来，有更多的精力分析数字规律背后的逻辑。

三是让数据发声，规避偏见和假设。在无法把握全量数据时，分析人员更容易先基于少量的样本提出假设，再从剩余的数据中查找可以支持这一假设的样本。这样分析形成的结果看似言之有据，实则空洞无物，甚至与事实南辕北辙。在大数据的辅助下，分析人员可以发现此前从未意识到的数据关联，而不需要先入为主地提出假设、划定范围，可以让分析结果更为客观，提升研判报告中“思想”的含金量。

# 涉案财物集中管理改革相关问题研究

田文松*

## 目　次



涉案财物管理制度改革是本轮司法改革的一项重点任务和亮点工作，各地司法机关对此也在进行积极探索，但目前还未形成完整且成熟的管理体系，因此仍需要对跨部门衔接以及管理模式等问题进行深度剖析。本文将着力分析现阶段涉案财物集中管理的相关问题，并对解决这些问题的途径提出相应的建议。因侦（调）查机关

* 田文松，河北省唐山市丰南区人民检察院综合业务部主任。

涉及公安、安全、海警、监委等多个办案部门，但以公安机关涉案财物最具普遍性，故本文只以公安机关为例论述。

## 一、涉案财物管理现状

根据我国相关法律规定，目前刑事涉案财物管理主要由侦查机关、检察机关、法院分别设有专用保管场所，制定各自的保管制度，指定专门的保管人员，配置相应的保管经费和保管设施，各自在本环节的权限内行使对涉案财物的保管、处置权。① 在涉案财物移送流转上，主要有两种模式：一种是实物随单据一并移送模式；另一种是实物不动、单据随案移送模式。前者是目前司法实践中最常见的涉案财物管理模式。公安机关将案件移送到检察机关审查起诉或者检察机关将案件移送到法院审理时，除不宜移送的物品（如汽车、摩托车等大件物品及违禁品、枪支弹药等），对作为证据使用的实物一般均应随案移送。实物不动、单据移送模式是针对法律规定不宜随案移送的涉案财物，实物不随案移送，只随案移送相关法律手续，物品仍由公安机关继续保管的情况。因法律和司法解释对不宜随案移送的涉案财物具体应当如何操作未作详细规定，各地司法机关本着联合协商、共同认可、有利办案的原则进行有益尝试，未形成统一规范。

现有涉案财物管理模式的优势在于：一是便于案件承办人员进行审查、调用、组织辨认、鉴定、庭审质证等司法程序。二是便于及时发现纠正问题。涉案财物在实物流转移送过程中，检察机关和法院对于涉案财物是否完好、取证保管是否符合规定等及时实施审查，有利于监督扣押、冻结措施。三是实物流动、分别管理，侦、诉、判三方单位相互衔接、各负责任，有利于保证涉案财物管理的

① 目前，关于刑事涉案财物的规范性文件主要有刑事诉讼法、最高人民检察院制定的《人民检察院刑事诉讼涉案财物管理规定》（2015 年 3 月）、公安部制定的《公安机关涉案财物管理若干规定》（2015 年 7 月）。

中立性。四是不需要投入大量建设，利用现有条件基本保证了涉案财物管理的基本需求。

## 二、 现行涉案财物管理模式的不足

管理能力不足，主要表现在管理场所不规范、制度不健全、人员不专业。目前，在不同诉讼阶段分别管理涉案财物的模式下，公检法三机关有各自的涉案财物管理场所和管理制度规范，但大体上都是将办公场所内的现有房屋改造建设为涉案财物管理的场所，有的因办公场所紧张，涉案财物保管与办公场所混在一起，很难达到标准的涉案财物保管的规范要求，无法满足一些大型、异形、易损耗物品的必要的保管条件。涉案财物管理人员大多没有经过专业培训，对各类涉案物品的保管要求不甚了解，基本上只是在做“物证搬运工”，无法做到准确妥善保管。在制度建设上，受场地和保管者条件的限制，虽有相关的制度和规定，但很难不折不扣落实，能达到涉案财物提取、移送的基本要求已是不易。

缺乏统一规范，移送交接混乱。在当前的管理模式下，有权管理涉案财物的机关，其内部有各自独立的管理规定以指导相关流程，但对于细节的规定不尽翔实，同时欠缺统一制度规范，造成涉案财物在不同阶段的移交与衔接标准不一，涉案财物移送登记接收困难。特别是在两种移送模式的选择上，由于法律和司法解释没有规定具体哪些涉案财物属于不宜随案移送的，而且在办案系统中未设置涉案财物不随案移送的相关流程，给办案人员造成很大的困惑：公安机关办案人员按规范，对不宜移送的涉案财物只能作出库处理，否则无法结案，而检察机关作为接收单位却以不宜随案移送、不具备接收条件为由拒收；检察机关在单据移送、实物不动的管理模式下，如果对涉案财物采取签收入库，在案件诉至法院时因无实物同样会被拒收；如果检察院对公安机关未随案移送实物（只在卷内扣押清单上标注存放场所）的涉案财物，不采取入库处理，则在结案时也不能出具随案移送手续，法院会在判决时以未收到检察院涉案财物为由对涉案财物情况不予认定，即使有认定，法院也不会与公安机关直接进行涉案财物交接，导致交接困难。

司法成本高，效率低。在分别管理、实物移送模式下，公检法三家均各自设立涉案财物的保管机构，需要投入较大的人力、财力，专人、专地负责管理，还要设计管理系统，程序运作复杂。同时，涉案财物在公检法之间流转，存在出库清点、装车运输、入库清点、保管存放等多个环节，涉及众多接触涉案财物的人员，有的人员根本不是涉案财物的办案人、保管人、知情人，极有可能造成疏漏，而且场所变换也导致涉案物品的保管条件和管理环境出现差异，这些都会增加证据被毁坏、污损、改变或者灭失的可能性，对涉案财物反复登记入册，各办案部门还要对各自接收的涉案财物进行统计、保管、报表、清查等一系列管理工作，浪费了司法资源，增加了办案成本，也降低了办案效率。

现有的刑事诉讼涉案财物管理模式存在的诸多弊端，已经难以适应司法体制改革设计的高效司法制度的运行要求，已极大拖累了司法效率的实现，因此有必要进行改革。目前，全国已有多地进行涉案财物集中管理平台建设尝试，取得了显著的成效，也遇到了许多新的问题，为涉案财物集中管理改革积累了经验。如四川、福建、青海西宁、北京、深圳、山东、云南等地成立了各具特色的涉案财物集中管理中心，都体现了涉案财物“集中管理、网上移交、规范处置”的趋向，也表明了跨部门管理是今后改革的必然选择。

## 三、 涉案财物集中管理改革需要解决的问题

### （一）涉案财物管理改革目的

综上所述，现行刑事涉案财物管理模式在经济性、便利性、科

学性、规范性等多方面均存在不足，所以改革应当首先设定明确的目标，作为指导具体改革措施的依据。从法律经济学的角度来看，安全是涉案财物管理制度设计的基本要求，高效则是涉案财物管理制度设计追求的初衷。因此，设立涉案财物管理中心要以安全高效为目的，做到管理科学规范，司法便利高效，经济节约实用。

### （二）“涉案财物”的范围

首先，需要明确“涉案财物”的具体范围。时至今日，“涉案财物”并非一个具体明确的法律概念。在实践中，由于对法规理解的差异，不同执法部门对涉案财物范围的界定常常会不尽相同。最高人民检察院制定的《人民检察院刑事诉讼涉案财物管理规定》和公安部制定的《公安机关涉案财物管理若干规定》均按广义的理解方式，将与“案件”有关的其他财物都作为涉案财物的范围。因此，通常意义上，涉案财物应是指在刑事诉讼过程中执法机关查封、扣押、冻结的与案件有关的财物及其孳息。① 笔者也认同作广义理解。一方面，许多“涉案财物”本身就具有经济和证明效力的双重属性，无法割裂；另一方面，公安机关作为最先接触“涉案财物”的机关，由于司法惯性的理解，广义的理解便于统一管理，也可以尽可能地节约成本。

其次，建立跨部门的涉案财物管理中心，其焦点在于该中心管理的涉案财物的具体案件范围，总体来看，可分为三类：其一，只接收刑事诉讼案件的涉案财物；其二，还接收公安机关下辖的社会治安管理案件的涉案财物，以及上交的无主物，遗失物等；其三，除上述全部财物，还接收民事及行政诉讼案件的涉案财物。关于这

---

① 谢小剑：《省以下地方法院、检察院人财物统一管理制度研究》，载《理论与改革》2015年第1期。

一问题，根据实务，笔者倾向于目前要以刑事涉案财物集中管理为主，至多可以实现第二类的保管能力。因为目前只有刑事诉讼涉案财物管理中存在交接流转影响效率的问题，其他涉案财物管理暂不涉及，待条件成熟再逐步纳入管理，这样可最大限度便于保管中心的管理，以便集中精力专注服务刑事案件办理，提高工作效率。

### （三）涉案财物集中管理场所

涉案财物集中管理改革，首先要有合适的集中管理场所。目前，公检法三家都不具备足够大的场地、高端的管理设备、规范科学的管理制度、智能的管理信息系统等条件，这就需要根据当地的财政情况，因地制宜进行规划建设新的场所。

1. 涉案财物管理场所的大小，应根据本地历年刑事案件涉案财物的情况进行规划。考虑涉案财物种类之间的差异，总体面积不宜太小，要有一定的前瞻性，保证一定数量的车辆等大型物品的存放。可借鉴实践中设立涉案财物集中管理中心较为成熟的地区的经验，在建设方式上可采用新建和利旧相结合，场所设置应本着方便公检法办案进行移送、调用和处置为原则，由政法委牵头向地方财政申请专款来设立和运作涉案财物管理中心。

2. 涉案财物管理场所内部要合理分区。根据不同涉案财物的保管属性进行分类分区管理，如按照物证的贵重性、毒化性、易腐性、易氧化变质性、易磁化性等不同性质，分别设立不同的保管区域，配备不同的管理设备，满足不同性质物证的存储保管要求。

3. 配备高端先进的管理设备。管理中心要有全方位的高清监控设备，保管室要有恒温恒湿设备、电子证据保管箱、密封柜、保险柜、防消磁柜、防腐柜等，用于存放各种专门物品，配备各种型号的密码储存柜等设备，用于存放各种尺寸的普通物品。同时，管理中心应当配备高清拍照设备、标尺桌等信息采集设备，可选择配备

3D 影像制作设备等。可采用条型码、二维码、RFID 电子标签系统等技术制作电子标签，使每个标签与涉案物品一一对应，方便记录和查询涉案物品信息。

4. 研发涉案财物管理专用智能化软件。涉案财物的智能化管理是改革的方向，是提高管理效率必然需求。智能化涉案财物管理系统应当具备强大的登记、保管、查询、流转、预警提醒、处置、数据统计分析等各种功能模块，可对涉案财物管理各个环节实现一站式操作。管理系统要达到网络化管理，能够与公检法办案应用系统实现无缝对接，两个系统之间实现涉案财物管理信息共享，办案人员可在网上对涉案财物进行处置操作、节点移送等，使公检法等办案单位与涉案财物管理中心均能及时掌握涉案财物信息情况。

### （四）涉案财物管理主体问题

检索涉案财物集中管理改革实践，关于刑事涉案财物集中管理中心的管理主体目前存在以下几种形式：

1. 办案机关共同管理。实践中，多以政法委作为牵头主管机关，向财政部门申请专款设立涉案财物集中管理中心，但是管理人员由公检法三家分别派人组成管理机构，各自承担本诉讼阶段的管理职责，三家相互配合、相互制约。办案机关共同管理的好处是便于涉案财物核查、流转、监督、调用、处置手续的办理，问题是可能出现三家责任主体不明、工作任务不清、相互扯皮推诿的现象。

2. 公安机关单独管理。涉案财物集中管理中心由新建或者依托公安机关现有的涉案财物管理场所改扩建，但管理人员是由公安机关派员进行管理。主要是考虑到公安机关是目前管理涉案财物数量种类最多、最有管理经验的办案机关，由公安机关进行日常管理可以最大限度满足公安办案需要，便利刑事诉讼。问题在于公安机关单独管理不符合中立性原则，缺乏必要的日常监督，而且其他机关扣押的涉案财物向公安机关移交缺乏法律依据和操作上的合理性。

3. 由地方财政部门派员管理。考虑到涉案财物的最终大部分要由财政部门接收、处置，由财政部门进行管理合情合理合法，而且财政部门富有财物管理经验和人员，对财物的接收、保管、出库、运输、处置等工作更专业，不涉及案件办理，客观中立性更强。问题在于刑事涉案财物涉及办案秘密，财政部门人员不熟悉刑事涉案财物的证据属性，存在泄密风险、证据能力风险和管理上的难度等。

综合以上管理方式的优缺点，以及其他地区的管理经验，笔者认为，目前的涉案财物集中管理中心的管理主体还是由公安机关担任最为适合。原因在于公安机关进行涉案财物管理具有不可替代的经济优势、便利优势：可以在较少投入的前提下利用现有资源尽快建立中心；现有管理人员稍加培训即可成为熟练的专业管理人员，而且一般比较熟悉刑事业务，方便业务流程办理。办案人员可以就近一站式完成人员讯问和证据辨认、封装完善、核查等工作，能够给办案带来较大便利，同时也节省了司法资源。至于不符合中立性原则的问题，笔者认为可以通过检、法行使法律上的本诉讼阶段的管理、处分权，承担各自诉讼阶段的审核、调用和相互监督义务来实现。检察机关向中心移交自侦案件的涉案财物缺乏法律依据的问题，因涉案财物集中管理中心实际上由政法委协调设立，应归属当地党委，只是由公安机关进行管理，所以不存在缺乏法律依据问题。即使是依据公安机关内部现有场所设立，也可以通过制定规范性文件予以解决。

### （五）涉案财物流转方式问题

设立涉案财物集中管理中心的目的是实现涉案财物的不动，所以，所谓的涉案财物的流转是在不移动涉案财物具体位置的前提下，仅依靠管理平台操作实现对涉案财物管理权限的转移。不论是采取公检法三家共同管理的模式还是集中由公安单独管理，都可以将涉案财物的实物流转变为移送物品清单等书面凭据的流转。改革实践中，办案机关将扣押、冻结的涉案财物移交至管理中心后，基本上都是采用只移送书面凭据，涉案财物就不再随案流转的做法，直至案件审判终结对涉案财物作出最后处理。笔者认为，涉案财物实现集中统一管理后，甚至卷外涉案财物的单据都无需再随案移送，只在网上利用涉案财物管理系统推送到下一环节即可。其间，每一环节的办案部门均可根据案件具体情况对涉案财物进行检查、调用、处置等，由办案人作出涉案财物的处理意见并进行推送，涉案财物管理人员按要求进行登记执行即可。

## 四、 涉案财物集中管理改革建议

公正和效率是刑事诉讼永恒的价值追求。通过对当前涉案财物管理现状进行分析、对涉案财物集中管理实践问题进行对比研究，笔者对涉案财物集中管理改革提出以下建议，仅供实践参考：

第一，条件成熟的地区，可选择由当地政法委牵头新建或者依托公安机关现有的涉案财物管理场所扩建，也可以利用看守所场地和管理模式进行改建，[①] 按照规范高标准建设集中管理中心，由公安机关统一管理。条件不成熟的地区，可以依托公安机关现有的场所适当开辟建设集中管理场所。参照大型车辆、违禁物品等不宜移送的涉案财物的办理模式，所有涉案财物实物暂时不动由公安机关统一管理，只移送涉案财物单据。这样，既不需要太大投入，又不会突破现有法律规定，由政法委主导公检法三家内部协调即可实现。而且，在此种方式下，各部门的办案人员基本熟悉涉案财物管

① 葛琳：《刑事涉案财物管理制度改革》，载《国家检察官学院学报》2016年第6期。

理模式下的操作流程，现有的“政法网”建设依然有效可以利用，不用重复建设网络平台，成本最少，“性价比”最高。所以，在条件不成熟的地区，如果建设涉案财物集中管理中心暂时不能实现，先实现涉案财物集中管理也不失为一个不错的选择。

第二，关于单据移送问题，笔者倾向于实物和单据均不随案移送。即涉案财物扣押后，由公安机关按证据制作流程进行完善法律手续、拍照入卷，涉案财物随案件移送、退回等诉讼环节进行流转时，公检法三家之间并不需要实际移送纸质手续，只在系统上操作登记推送到接收部门即可，但如果是需要对涉案财物进行处置或者是移动出库时，则应给涉案财物集中管理中心出具纸质文书，并在网上进行推送。

第三，关于偏远办案单位涉案财物移交问题。因有的地区各派出所分散且与涉案财物管理中心所在城区距离太远，随时移交涉案财物可能有困难，可以设立临时的涉案财物保管场所，一般情况下可暂时由各办案单位自行保管，采取批量移交的形式，对于特殊问题采取因地制宜的办法予以解决。

涉案财物集中管理改革是一项实务性很强的系统工程，涉及司法机关职权优化配置、刑事诉讼程序改良、办案方式机制创新等多个层面，需要各方协调、互相配合，也存在诸多的困难和阻力。进行改革实践探索应坚持便利、高效、经济的原则，希望通过设立涉案财物集中管理中心，对涉案财物实现科学、规范、专业、智能的管理，促进司法改革的整体进程。迈出第一步的意义可能只是“干起来再说”，通过反复尝试发现更多的实际问题，解决具体环节的操作难题。笔者希望通过此文，抛砖引玉，推动涉案财物集中管理改革从理论向实践迈出勇敢的第一步。

# 强基导向下深化案件管理一体化机制的思考

李　龙　冯飘飘*

目　次



* 李龙，四川省人民检察院案件管理办公室一级检察官助理；冯飘飘，四川省人民检察院案件管理办公室三级检察官助理。

深化案件管理一体化工作机制，是破解检察机关案件管理部门“人员少、任务重、时间紧、要求高”突出难题，实现案件管理条线上下一体高质量发展、以高质效管好每一个案件助推高质效办好每一个案件的必然路径。本文坚持强基导向，着力聚焦基层检察院案件管理实践问题开展实践研究，通过对S省多个地区开展实地调研、书面调查、电话访谈，依托检察工作网开展“基层案管建设面临的困难与挑战”问卷调查等，梳理基层检察院案件管理部门的机构、队伍及工作情况，分析当前基层检察院案件管理存在的困难与挑战，提出相应对策建议，以期有助于深化案件管理一体化工作机制，促进案件管理工作整体改进、一体提升。

## 一、 现状展开：S省基层案管的基本情况

机构设置方面，均合并设置、统称“综合业务部”或“第三检察部”。在S省内设机构改革中，省、市两级院与最高检内设机构保持一致，均单独设置案管办，而基层院案管办均被撤并。在S省纳入内设机构改革的190个基层院中，126个院设置5个（及以下）内设机构，64个院设置8个内设机构。设置5个内设机构的县级院，通常将案件管理职能并入第三检察部。第三检察部履行的职责主要包括刑事执行监督、控告申诉、国家赔偿司法救助案件办理、法律政策研究和案件管理。有的基层院第三检察部还承担人民监督员工作、检察技术、信息网络安全等工作。设置8个内设机构的县级院，通常将案件管理职能并入综合业务部。有的院综合业务部除履行案件管理职责外，还承担法律政策研究、控告申诉、检察技术等职责。如C市高新区检察院，其综合业务部承担法律政策研究、案件管理、检察技术和信息化等职责，同时对口市级院研究室、案管办、技术部和网络安全办公室。

人员配备方面，呈现分布集中、兼职情况较为普遍、员额检察

官配备比例低、本科学历占比高的特点。S 省三级院案管工作人员共计 876 人，其中省院 17 人、市级院 133 人、基层院 726 人。C 市、L 市、M 市、G 市、N 市基层院人数较多，分别为 116 人、58 人、53 人、46 人、42 人，合计占基层院总人数的 43.39%。基层院负责案件管理工作的人员兼职情况较为普遍，约 46.14% 的人员为兼职。从员额检察官配备情况来看，一方面，S 省三级院案管工作人员中，共配备员额检察官 201 人，占比 22.95%，其中省院 7 人（占省院案管工作人员人数的 41.18%），市级院 36 人（占市级院案管工作人员人数的 27.07%），基层院 158 人（占基层院案管工作人员人数的 21.76%），基层院配备占比均低于省、市两级院，且低于 S 省平均值；另一方面，纳入内设机构改革的 190 个基层院，院均配备员额检察官为 0.83 人，距离最高检《关于加快推进新时代检察业务管理现代化的意见》中关于"人员较少的人民检察院至少有一名检察官从事案件管理工作"要求还有差距。从学历情况来看，基层院案管人员以本科学历为主，无博士学历人员，硕士学历占比 7.71%，本科学历占比 69.42%，其他学历占比 22.87%。从人员属性情况来看，基层院案管工作人员，在编（含政法和事业编制）426 人，聘用 299 人，占比分别为 58.68%、41.18%。

履职内容方面，职责内容多且不断增加与精细化。近年来，在国家监察体制改革、司法责任制改革和内设机构改革等多重改革背景下，案件管理职能不断重塑、工作加速推进，基层案管的职能日渐丰富。一方面，案件统一受理流转、流程监控、案件质量评查、业务数据统计分析、涉案财物监管、案件信息公开等传统工作，不断回应日益变化、越来越高的新要求新挑战，愈发纵深化、精细化发展。业务数据统计分析，从简单罗列统计数据、描述数据升降变化，到建立多层次立体化业务数据分析研判会商机制，联合相关业务部门共同分析研究数据变化背后反映出的业务发展趋势、特点、问题等；办案质量评价指标，由粗放到精细，不断健全完善、与时俱进，更加注重全面、整体、组合、实绩评价；流程监控更精更细、质量评查更优更实，从线下到线上、从人工到智能、从单一刑事检察到“四大检察”全覆盖，全过程、各环节落实司法责任制更加有力；等等。另一方面，2022 年以来，案件管理条线新增了检察听证、法律监督线索移送等职责内容。

## 二、问题检视：基层案管建设面临的挑战

检察机关业务部门重塑性设置的变革给案件管理工作带来变化与挑战是必然的。从座谈调研与问卷调查情况来看，基层案管建设面临的挑战主要体现为三个“不相适应”。

### （一）基层案管职能职责定位与机构设置变化之间不相适应

内设机构改革时考量了四级检察机关功能角色定位，不同层级检察机关在机构设置和办案模式上有所区别。经过调整，案件管理部门在 S 省基层院已不再有像改革前那样的机构设置与职能职责完全对应的部门，均与相关职能合并，与上级院职能机构不再一一对应。基层院综合业务部门往往承担着法律政策研究、案件管理、刑事执行检察、控告申诉、刑事技术等多项检察业务，且各业务之间专业跨度较大。但是，面对基层案管机构设置的变化对工作产生的影响，上级院案管部门处于被动接受状态，未能从更高站位认识到变化的客观性、必然性，未能及时调整工作思路、科学配置各级案管职能职责，导致自身工作积极性、主动性的调动不够。调查显示，在被问及“当前基层案管的职责定位与其机构设置之间是否相适应”时，仅有 8.52% 的参与调查者认为“相适应，不需再作调整”。

具体来说，针对改革后基层案管面临的对问题及困难的调查研究、分析研判不足，省院案管办虽然及时提出上下一体、各有侧重、分级履职的案管一体化工作机制①，但 63.68% 的参与调查者表示不了解该机制的内容要求，其中甚至有 9.87% 的参与调查者表示完全没听过。在落实案件管理一体化工作机制上也不尽如人意，以重点案件评查工作为例，2022 年以来省院实行重点案件提级评查模式，基层院不再对重点案件开展初评工作，统一由市级院统筹组织。但通过调查问卷发现，30.49% 的参与调查者反映“市级院未落实提级评查要求，基层案管仍要报送评查结论”。案管职能职责上下一般粗的问题并未得到有效解决。

可见，案件管理一体化工作机制本身还不够科学、合理，自上而下抓落实落地还有差距，特别是对基层案管职责内容的定位还不够科学、明确，是制约基层案管职责定位与机构设置变化之间相适应的首要因素。

### （二）基层案管工作方式与聚焦主责主业要求之间不相适应

内设机构改革后，各业务部门以办案为核心，突出专业化建设。案管部门作为综合业务部门，在统筹推进“四大检察”全面协调充分发展、构建多层次全方位的内部监督制约体系、保障检察权

① 简述之，即基层院案管发挥主体作用，全面履行案件管理职能，规范做好案件受理流转、结案审核、办案期限预警、涉案财物监管、法律文书监管、数据统计、案件信息公开、检察业务应用系统应用等日常性、基础性工作，夯实案管工作基础；市级院案管发挥主抓作用，在做好传达上级院工作任务、理念、方式的基础上，重点抓好业务监管和数据分析，组织开展专项流程监控、质量评查、业务数据分析，提出监督意见，提升案件管理的整体合力和质效；省级院案管发挥主管作用，充分发挥业务监管的统筹、督导、规范作用，有序推进各项案管工作，不折不扣地将案件管理的各项要求落实到基层的实践活动之中。

规范运行等方面需要担当更多的责任。全国检察机关第二次案件管理工作会议，更明确了案管部门从“枢纽”到“中枢”定位的转变。面对案管部门定位转变和更多内部监管职责，以及基层案管机构人员配置变化、职能职责重新定位，案管部门必须及时转变工作理念，发挥好案件管理一体化工作机制优势，处理好业务性工作、事务性工作、组织协调性工作之间的关系，突出主责主业。

但是，长期以来层级要求的工作模式极大地影响着基层案管职能作用的发挥。主要来说，就是上级院对下统筹指导不足、不够有力的问题，省院主管、市院主抓作用并未有效发挥。在回答“市级院案管对下工作方式是否合理”一题时，仅有 31.39% 的参与调查者认为，“市级院发挥了承上启下的作用，能够立足本地实际，统筹协调、调动组织基层案管开展工作”，13% 的参与调查者则表示“市级院往往原封不动、照抄照搬省院案管工作要求，一转了之，将任务派发给基层院，较少或没有有效统筹协调、调动组织基层案管开展工作”，其余五成多的参与调查者对市级院案管对下工作方式予以部分认可。基层案管工作一旦缺乏有效统筹指导，困守旧有工作方法，基层案管人员必将难以发挥主观能动性，很难高质量、创造性地开展工作，深陷事务性工作，忙忙碌碌却无明显成效，案管部门最终沦为收收发发的“大内勤”。被问及“日常从事的案管工作主要集中于何种工作”时，50.22% 的参与调查者坦言自己“开展案管主责主业工作少，日常工作主要集中于收收发发，应付各种材料”。

### （三）基层案管人员能力素质与新形势下案管工作要求不相适应

内设机构改革后，检察机关内部监督管理履职的要求越来越高。最高检案管办指出，案管人员应当具备“六大能力”，争做检察业务的“全科医生”、管理领域的“专科医生”。但是，当前基层案管人员整体的政策把握能力、法律适用能力、数据统计能力、分析研判能力、流程监管能力、质量评查能力距离新时代检察工作要求还存在较大差距。调查显示，仅有 26.01% 的参与调查者认为自己具备“六大能力”中的 4 项及以上，约 60% 的参与调查者表示仅具备 2—3 项。另外，在谈到能力能否跟上越来越高的工作要求时，22.87% 的参与调查者认为自己的能力“没有跟上，监管业务停留于应付”，56.95% 的参与调查者则表示“部分监管业务能够跟上”。

具体而言，基层案管人员能力素质方面的问题表现有二：一方面，改革后，案管人员本就“先天不足”。基层案管人员近一半为兼职从事案管工作，占比 41.05% 的人员案管工作经验在 3 年以下（不含），其一人多岗、身兼多职、工作经验不足的现状必然产生投入案管工作时间有限、精力不够、专业性不强的问题。在 76 名兼职从事案管工作的参与调查者中，占比 46.05% 的人员表示“案管工作占日常工作时间和精力的一半以下”，其中 13.16% 的人员则坦言投入案管工作的时间不到 1/3。即便是专职从事案管工作的人员，仍有 54.48% 的人员属于聘用人员，流动性大、工作承续性差、专业性弱的问题更为突出。另一方面，上级院在基层案管人员培养、使用上缺乏统筹指导，案管人员“后天培养”不够。近 5 年内，包含参加培训班、抽调轮岗、参与集中或专项业务活动等在内，近 30% 的参与调查者表示“没有参加过”上级院组织的此类能力提升训练，近一半的人则仅参加过 1—2 次。从参加过上级院组织的能力提升训练效果来看，98.13% 的参与者表示能明显提升或一定提升案管工作能力。

此外，信息化建设滞后进一步加剧了基层案管存在的人员能力水平问题。“事多人少”的现状要求信息化建设必须跟得上，对于在用的“智慧案管”系统，77.58% 的参与调查者认为“能缓解一定问题，但作用有限”，甚至有4.48%的参与调查者表示“无助于解决问题，反而增加了基层负担”。可见，目前管用、好用的“智慧案管”系统尚未完全建设起来，基层案管人员想用、愿用的各类“智慧案管”工具还有待继续完善。

## 三、前进路径：推进基层案管建设的具体举措

### （一）进一步明晰基层案管职责内容

一体化案管工作机制分级分层、各有侧重的职责划分越科学、明确，其在解决案管履职上下一般粗、基层职责定位与机构设置不相适应问题上的机制潜能就会释放得越充分、越有效。进一步明晰各级案管职责内容，既要避免给基层院案管赋予过多职责内容，导致其工作负担增加，又要防止对市级院案管职责内容划分不清、模棱两可，导致其在承上启下的关键位置中仅仅充当“二传手”。一要继续发挥基层院案管在案管工作中的主体作用，合理利用有限的案管力量，规范做好日常性、基础性工作，为上级院案管更好开展业务监管夯实基础。二要减少基层院案管的业务监管职责，将大部分监管业务提级监管，由市级院或省院案管统筹开展，基层院案管原则上不再主动开展包括案件质量评查、业务统计分析等在内的监管业务。三要强化市级院案管在督促指导和业务监管上的主抓作用，通过定期、定量组织开展集中或专项质量评查、流程监控、业务分析等方式，统筹本地业务监管工作。四要加强省院对全省业务监管工作的面上统筹力度，优化监管活动开展模式，提升案件管理的整体合力和质效。

### （二）建立分区分片开展业务监管的模式

一要充分考虑市级院案管部门的实际情况，其政法在编人数平

均为3.3人、人少事多、个别未配备员额检察官，完成基本绩效任务、内外协调工作捉襟见肘，能够发挥承上启下作用统筹基层案管力量开展重大监管活动、创新工作的地区屈指可数。二要进一步发挥省院案管的主管作用，坚持“一盘棋”思想，在综合考虑地理条件、人员配置、业务特点、工作水平等情况的基础上，将全省22个市级院案管部门以片区形式分为若干个业务监管片区，明确片区负责人，片区负责人主要负责统筹本片区开展各类业务监管活动。三要充分发挥人员力量充足、业务工作好、统筹能力强、创新水平高的市级院案管的示范、引领作用，特别要做到强弱搭配，合理划分片区，真正变“单打独斗”为“协同作战”，变“薄弱环节”为“优势力量”。四要统筹片区之间开展业务监管活动，指导片区与片区通过联合组织开展业务监管集中或专项活动，促使案管力量有效整合、优势互补，推动案件管理整体质效提升。

### （三）建立队伍建设的上级统筹模式

一要聚焦案管人员应当具备的“六大能力”，强化上级院统筹，在开展各类监管业务中，将基层案管人员考虑进去，统一培养。如市级院开展集中案件质量评查、办案流程监控等业务监管活动时，可轮流抽调本地区基层案管人员成立工作小组，并根据条件适当开展工作前针对性业务培训，同步推进业务监管实践与能力培训，促进业务发展与能力建设共同提升。二要通过开设小课堂、举办培训班、开展岗位练兵等多种形式的活动，立足实战、实用、实效，切实提升基层案管队伍工作能力与水平。如定期举办“案管业务我来讲”小课堂，组织业务骨干登台传授工作方法、经验；选拔基层案管检察官、业务骨干轮流到上级院跟岗锻炼；采用上下一体、共同合作、分组完成的方式开展课题研究；等等。三要分类建立各类案管业务人才库，实现动态管理，统一使用。上级院、各片区要立足实际，通过推荐、甄选、公示等程序，分类建立全省、各片区、各地市的案件质量评查、办案流程监控、业务数据分析、业务数据督查、案管综合工作等方面的人才库或工作小组，定期动态调整。四要在开展各类集中监管业务中，注重人员搭配，既要使用人才库或工作小组成员，也要适当抽调其他基层案管人员，充分发挥业务骨干的示范引领作用，真正在业务实践中实现“传帮带”，不断壮大全省案管业务骨干力量。

（四）主动融入数字检察发展大格局

信息化时代，数字检察是检察工作迈向现代化的“船”与“桥”，是检察工作提质增效、转型升级的重要抓手与引擎。推进基层案管建设，必须主动融入数字检察发展大格局，把智能化建设作为破解案管工作事务繁杂、事多人少等突出问题的治本之策。一要依托检察业务应用系统，全面推进案件流程监控、质量评查、数据核查、分析研判等子系统的智能化建设，打造集成的“智慧案管”平台，实现一个平台办理案件管理所有业务与事项。要打通“智慧案管”平台中各子系统间的数据壁垒，依托“智慧案管”平台统筹而非单一、全面而非孤立地履职，促进流程监控、质量评查、数据审核、分析研判等职能之间的深度融合、集约管理、共同发力。二要进一步充实流程监控系统监控规则，优化自动分析、主动预警功能，实现人工监控向智能化监控转变；升级案件质量评查系统，完善刑事检察案件质量评查标准，探索、制定民事、行政、公益诉讼检察案件质量评查标准并嵌入评查系统，优化筛案规则、线上流程，提升评查智能化、信息化水平。三要坚持以建促用、建用并举，把良好的用户体验作为“智慧案管”平台建设成功的检验标准，使基层案管人员想用、愿用、会用。四要注重成果转换，通过迭代升级现有平台、借鉴引进成熟模式、创新拓展特色应用，在智能化监管产生的大量应用数据、应用成果的基础和前提上，推动形成理论成果、上升制度成果、开展品牌建设。

### （五）建立品牌共建、发展共谋、成果共享的案管品牌创建模式

品牌建设是推进基层建设的重要路径之一，有助于聚人心、强素质、夯基础，有效推动基层案管建设进步。一要注重品牌共建。省院案管加强统筹规划，在前述业务分区分片基础上，以片区为单位，综合考虑片区案管业务特点、人员能力水平等因素，谋划确定品牌建设方向、主题、内容等，指导各片区有序开展案管品牌建设。既要注重片区内优势地区、优势业务的品牌建设，更要强化片区内薄弱地区、薄弱业务的品牌建设，将塑亮点与补短板紧密结合起来。二要注重发展共谋。在做实省院统筹规划的基础上，建立上下联动、多方共谋的品牌建设推进机制，切实加强条块间的交流协作。三要加强上下之间、各市级院之间、片区之间、片区内部之间的联动，通过座谈会、片区会、调研会等形式，围绕打造推进优秀案管品牌共谋共商，不断凝聚案管品牌共建的共识和合力。四要注重成果共享。加强案管品牌的转化、推广，各地、各片区对建设已经较为成熟的案管品牌，要及时总结、提炼、转化可复制推广的经验做法，上报省院案管统筹推广。省院案管要依托检察工作网，建设统一的案管品牌经验推广阵地，为分享各地、各片区优秀案管品牌建设经验提供平台。

# 监管实务

JIANGUAN SHIWU

# 加强内部移送法律监督线索管理工作的实践与思考

李慎海　李　佳*

## 目　次



* 李慎海，北京市丰台区人民检察院第八检察部副主任；李佳，北京市丰台区人民检察院第八检察部检察官助理。

“线索是监督之始。”法律监督线索是深化、拓展检察工作的重要基础，是践行高质效办好每一个案件的价值追求，是实现检察工作高质量发展的重要支撑。2022 年 5 月，最高检印发《人民检察院内部移送法律监督线索工作规定》《人民检察院案件管理部门开展法律监督线索管理工作实施细则》，对法律监督线索进行专门管理，以期充分发挥法律监督线索在检察工作中的能动作用，加强新时代检察机关法律监督工作。作为一个新生事物，内部移送法律监督线索工作在发展过程中仍存在一些问题，需要加以研究解决。

## 一、法律监督线索的内涵

法律监督线索，即检察机关据以开展监督办案工作的问题线索。[①] 法律监督线索的概念常与法律监督信息、迹象等概念相混淆。信息是指可能存在执法司法问题的客观事物，是原始的、最初的外在表现形式和状态。信息不一定是线索，线索一定是信息。迹象是指执法司法问题的人和事表现出来的客观事物的外在反映。迹象不一定是线索，但线索一定具有客观迹象的表现。

广义上的法律监督线索可以分成不同类型。按来源划分，法律监督线索可以划分为主动发现线索、外部接收线索。主动发现线索是指，检察机关在履行监督职能过程中自行发现的线索；外部接收

① 北京市人民检察院检察监督线索理论研究课题组：《检察监督线索集中统一管理机制探索》，载《中国检察官》2023 年第 19 期。

线索是指，非检察机关自行发现的线索，如监察机关、公安机关、行政单位等移送的线索，以及人民群众举报控告线索。按去向划分，法律监督线索可以划分为对内线索和对外线索。需检察机关相关部门开展法律监督的线索，属于对内线索；需向外单位移送的线索，如需要其他行政机关给予行政处罚的线索、需要制发检察建议的线索等属于对外线索。

内部移送法律监督线索工作中的法律监督线索是指，人民检察院各部门在工作中发现或者收到的执法司法等方面的问题、反映，需要人民检察院其他相关部门开展监督的线索。也就是说，该线索办理不属于本部门的职责范围而属于检察机关内部其他部门的职责范围，在这种情况下需要内部移送。① 按类别划分，内部移送法律监督线索可以划分为普通刑事类别、重大刑事类别、经济犯罪类别、职务犯罪类别、刑事执行类别、民事检察类别、行政检察类别、公益诉讼检察类别、未成年人检察类别、其他等。按内容划分，内部移送法律监督线索可以划分为侦查活动监督线索，羁押必要性审查线索，对民事、行政生效判决裁定调解书的监督线索，对民事、行政审判程序中违法行为的监督线索等。

## 二、 新时代加强内部移送法律监督线索管理的重要意义

### （一）加强线索管理是高质效办好每一个案件的必然要求

高质效办好每一个案件是新时代新征程检察履职办案的基本价值追求，要践行好这一基本价值追求离不开内部法律监督线索的高质效管理。法律监督线索是开展检察监督工作的基础，没有法律监督线索，检察监督就成了无源之水；没有一定数量的法律监督线

① 申国军：《案件管理实务精要十二讲》，中国检察出版社 2023 年版，第 57 页。

索，监督案件的数量就难以提升，监督规模就难以形成。法律监督线索也会从源头上影响监督案件质量，如果线索质量不高，不仅会造成时间、人力、物力等检察资源的浪费，影响监督案件办理质效。此外，实践中一些执法司法问题也影响着人民群众对民主法治、公平正义等美好生活的追求和感受，这就要求检察机关要更加注重在履职中发现法律监督线索，更好聚焦和发现执法司法等社会治理难题，敢于监督、善于监督、勇于自我监督。对内部移送法律监督线索加强管理，可以实现对所有线索有标准、有程序的发现、移送、办理、反馈，通过分析研判，发现检察监督事项，发挥检察监督效能，高质效办好每一个案件，推动实现更高层次的公平正义。可以说，内部移送法律监督线索的管理质效一定程度上影响着检察机关法律监督工作质效。

### （二）加强线索管理是强化检察“一体化”履职的必然要求

应勇检察长指出，“四大检察”是新时代新征程检察机关法律监督的主体框架，也是检察工作进一步创新发展的基本格局，要坚持依法一体履职、综合履职、能动履职，真正做到既敢于监督、善于监督，又依法监督、规范监督。《2023—2027 年检察改革工作规划》提出，推动刑事、民事、行政和公益诉讼“四大检察”全面、协调、充分、融合发展，提升法律监督质效。对内部移送法律监督线索加强管理，有助于激励检察人员在办案中积极履行监督职责，贯彻落实好“在办案中监督、在监督中办案”理念，做好内部协同履职，形成检察监督的合力，及时发现监督线索并依法纠正；有助于将依法监督、科学监督、高效监督融入具体的检察监督办案之中，有效提升检察机关法律监督能力和水平。

### （三）加强线索管理是解决当前突出问题的必然要求

在没有对内部移送法律监督线索进行统一管理之前，线索从发现到移送再到办理的全过程均由办案部门主导，线索是否移送、是否办理等全由办案部门自行决定，对线索发现、移送和办理缺少规范，导致很多有指向性和监督必要性的线索被遗漏办理、怠于办理，存在“等、靠、挑”等问题。建立统一的线索管理机制，为线索及时移送、及时办理提供了路径保障，确保线索应移尽移、及时移送，避免线索被遗漏办理、怠于办理，对检察办案部门形成有力制约。同时，通过统一的线索管理平台，统一录入发现的线索，利用大数据理论以及数据库系统，对系统中的线索进行数据统计和综合分析，了解、掌握执法司法突出矛盾和问题，明确监督工作重点和方向。

## 三、内部移送法律监督线索管理的主要内容

内部移送法律监督线索工作大致上可以分为线索办理和线索管理两方面，线索管理主要包括管理主体、管理职责、管理保障等内容，是服务支持线索办理的重要举措。

### （一）线索管理的主体

根据《人民检察院案件管理部门开展法律监督线索管理工作实施细则》第 2 条的规定，人民检察院案件管理部门负责本院相关部门之间、不同人民检察院之间法律监督线索的接收、移送、督办、反馈、统计、分析、通报等工作。实践中，线索管理工作不仅依赖案件管理部门，更需要各部门分工负责、互相配合。检察官、业务部门和案件管理部门均负有线索管理责任。检察官通过全员、全面、全流程规范使用检察业务应用系统中线索管理模块，注重线索

挖掘、办理，及时、规范填录线索相关案卡，规范使用文书模板，对线索进行自我管理。业务部门通过设置线索管理专员、组织培训学习，提升线索甄别能力，对本部门线索进行整体管理。案件管理部门是专门的线索管理部门，通过依法依规开展线索管理工作，实现各环节、全过程管理，保证线索管理工作依法、顺畅、有序，提高内部移送法律监督线索工作质效。

## （二）线索管理的职责

《人民检察院内部移送法律监督线索工作规定》规定人民检察院各部门均负有发现线索的职责，细化了案管部门、办案部门的管理权限，内部移送法律监督线索管理的职责主要包括四个方面：发现线索、受理流转、督办反馈和分析研判。一是发现线索。线索主要由办案部门发现，但案件管理部门也是内部移送法律监督线索发现的重要部门。案件管理部门不仅具有发现线索的职责依据，同时，案件受理、流程监控、数据分析、质量评查等案件管理部门日常业务也为发现法律监督线索创造了良好条件。二是受理流转。办案部门是线索流转的“始发站”和“终点站”，案件管理部门是线索流转的专门“中转站”。各部门拟移送办理的线索，均应当移送至案件管理部门。案件管理部门对移送线索的材料是否全面、完整，线索类别、拟移送情况是否准确等进行审查后，按照职责分工和有关规定，移送本院相关业务部门或者其他人民检察院案件管理部门。三是督办反馈。案件管理部门对线索的移送、办理等情况进行监督管理，督促线索发现部门及时移送线索，至迟应当在案件办结后七个工作日内完成移送，督促线索办理部门应当自办结之日起十个工作日内向案件管理部门反馈线索办理情况。办案部门负责线索的办理和反馈。四是分析研判。案件管理部门的分析研判包括两方面，一方面是对案件管理部门自行发现线索的指向性和监督必要性进行分析研判；另一方面是通过建立线索流转台账，定期分析通报线索移送、办理情况，定期对移送、办理线索的数量、成案率等情况进行统计、汇总、分析。

### （三）线索管理的保障

一是制度保障。《人民检察院内部移送法律监督线索工作规定》《人民检察院案件管理部门开展法律监督线索管理工作实施细则》从制度层面确立了内部移送法律监督线索的概念，明确了内部移送法律监督线索的发现、移送、办理、反馈等工作流程，推动了内部移送法律监督线索在各级检察机关的应用。在此基础上，各地也陆续出台线索相关规定，如山东省院出台《加强新时代全省检察机关内部移送法律监督线索工作的指导意见》及配套指引文件，用于指导本地区内部移送法律监督线索的工作实践。二是信息化保障。最高检案管办提出要把数字检察作为推进检察业务管理工作现代化的重要引擎，推动构建“业务主导、数据整合、技术支撑、重在应用”的工作机制，统筹数字检察与以检察业务应用系统为主平台的业务保障体系，为实现检察机关内部移送法律监督线索信息化建设和大数据应用奠定了基本遵循。实践中，案件管理部门通过检察业务应用系统开展对内部移送法律监督线索的管理工作。各级检察机关充分运用大数据、人工智能、低代码平台等技术，探索研发出智能研判管理平台、线索数据自动清洗、线索报告自动生成等一系列软件工具，有力提升了监督线索管理的信息化和数字化水平。

## 四、基层院加强内部移送法律监督线索管理的实践探索——以B市F区院为例

B市F区院主动聚焦法律监督职能，强化法律监督线索集中统一管理，为检察业务质效提升提供强有力保障。

（一）以机制建设促规范，夯实线索管理工作运行基础

将落实职能优化配置作为强化法律监督线索管理的总抓手，全方位推进线索管理中心建设，加强线索规范管理。一是优化线索管理中心资源配置。在线索管理中心设置线索管理、线索督办、数据分析等岗位，配齐配强检察官办案组，从宏观、中观、微观三个层面，将线索划分成监督线索、重点线索、督办线索等类别，并依托监督线索一体化管理平台对线索实行全流程、闭环式的集中统一管理。二是完善监督线索管理规范。构建系统性、全局性检察监督线索管理机制，制定《F区人民检察院依职权主动发现线索管理实施细则（试行）》《F区人民检察院做好“两个平台”线索相关工作的实施细则（试行）》等文件，全面梳理“四大检察”线索发现、移送、成案、反馈标准，提高发现、管理线索能力，实现以规范促规模、提质效。三是创新监督线索管理中心职能设置。制定《B市F区人民检察院关于“三个中心”职能运行的规定（试行）》，规范线索管理中心工作定位、职能、基本运行模式。同时，着眼检察监督办案供给侧，在强化监督线索管理核心职能基础上，将业务数据分析研判职能纳入管理中心工作范围，统筹各业务部门一体化推进院内业务绩效考评工作，对监督线索数据、检察业务数据进行常态化分析研判，为检察业务工作科学决策提供数据支撑。

（二）以流程监管强效果，扭住线索管理效能提升关键

不断强化监督线索全流程数据质量监管，引领监督线索质量提升。一是层层落实，责任到人。明确各业务部门线索发现第一责任，结合案件流程监控、质量评查对应发现线索而未发现问题进行通报；明确检察官线索移送、结果反馈第一责任，区分类别，进一步细化对内、对外线索的反馈时限、内容及延期反馈要求。二是紧

盯线索流转程序。确定线索类别、类型、来源、移送情况、责任人等24项线索登记信息，实现台账化管理，做到底数清、情况明。规范、明确线索发现移送、接收评估、会商分流、办理反馈、跟踪督办、分析通报的统一流程，并向业务部门强调操作步骤和注意事项。区分不同流转模式，绘制线索流转线路图，直观展示每一类线索流转路径，提高线索流转效率和管理质效。三是科技赋能社会治理。落实关于12337投诉举报线索和“检察+热线”线索接收、办理要求，开通12345市民服务热线的信息查询权限，根据工作需要，从海量热线信息中深挖监督线索，拓宽监督线索来源。

（三）以分析研判把方向，聚焦检察工作高质量发展核心

重点推进线索管理与业务数据分析研判深度融合，服务保障全院检察工作一体化。一是用好数据分析研判“指挥棒”。将监督线索纳入业务绩效考评分析研判范围，以业务绩效考评为核心，进一步突出监督线索的质效导向；加强线索综合评估、趋势研判，通过“周提示”“月通报”“季分析”，动态查找工作短板和问题症结，提出针对性解决办法。二是设定业务管理提示“节拍器”。每周发布业务管理提示单，通过正向引导或负面禁止的方式向各业务部门提供指导意见和要求，解决线索管理工作中发现的普遍性、突出性问题，保证线索数字的准确性。三是充实线索数据会商“工具箱”。坚持系统思维、问题导向，注重全院会商趋势研判、部门会商细化落实、检察官会商解决具体问题三个层面同步推进，既研究数据“是什么”，更在“为什么”“怎么办”上下功夫，召开检察委员会、专题会等分析研判，围绕考评总体情况、具体指标运用、考评规则调整、线索规范管理等事项进行会商。例如，针对内部移送法律监督线索成案标准，组织办案部门与监督部门会商，进一步明确监督线索移送条件、提高线索移送质量。

## 五、内部移送法律监督线索管理存在的主要问题与改进工作的建议

当前，内部移送法律监督线索管理主要存在以下问题：一是线索挖掘能力有待加强，发现的法律监督线索浅层化现象较为明显，监督指向性大多集中在执法司法不规范等情节轻微或瑕疵问题。二是线索发现机制有待健全，程序管理、实体管理、数据管理三大管理方式与线索发现之间没有形成有效的衔接配合方式和线索发现机制，案件管理部门更多承担着线索“搬运工”的角色，线索挖掘能力没有得到充分发挥。三是线索流转规范性有待提升，如线索相关案卡存在错填、漏填，线索移送、接收、反馈不及时，线索移送表、线索反馈函等文书制作不规范，线索成案标准把握不准，成案反馈不适时等问题。针对上述问题和不足，为进一步提升内部移送法律监督线索管理质效，可以考虑从以下四方面予以完善。

一是依托数字赋能提升法律监督线索挖掘能力。充分发挥各部门职责功能优势，加强线索分析研判，聚焦罪名、事实、证据、程序等要素，充分研判有无线索可查、有无质效瑕疵、有无诉源治理、有无漏洞可堵、有无民生关切，做到每个案必查、每领域必查。更加注重数字赋能，构建大数据法律监督模型，将监督模型的建用贯穿到监督办案、流程监控、质量评查、数据分析等过程，注重用评查、监控等方式发掘类案线索，持续推动检察履职方式由个案办理向类案监督并向溯源治理创新发展。对受理的线索加大审查、办理力度，努力推动线索有效转化成案，进一步将线索办理效果转化为监督案件治理效能。充分发挥检察官联席会对重大、疑难、复杂线索的分析研判作用，明确线索可查性标准，进一步提高法律监督线索质效。

二是强化线索管理与流程管理、案件管理、数据管理融合。案

件受理、流程监控、质量评查、数据分析是“法律监督线索数据池”。要充分发挥案件管理部门“管理与服务”的中枢职能作用，破解线索发现难问题，提升发现线索的质量、效率和效果。例如，在流程监控环节，通过用印审核、法律文书比对等发现法律适用错误等线索；在案件受理环节，通过归纳案件受理重点核查事项发现个案监督线索；在数据分析环节，充分发挥“数据优势”“系统优势”，运用业务数据分析研判机制，发现诉讼环节执法衔接漏洞，不仅关注指标数据变化，更敏于深挖“数据”背后的“问题”，实现由“数据”到“线索”再到“案件”的有效转化。

三是适时开展内部移送法律监督线索流程监控。流程监控是做好各项管理、监督工作的基础。将内部移送法律监督线索纳入流程监控范围，通过流程监控对移送、办理的内部法律监督线索进行实时、动态的监督、提示、防控，提升线索监控质效，保障内部移送法律监督线索规范高效流转。明确流程监控的重点内容，如是否存在超期移送、超期反馈，线索成案文书是否准确，文书制作是否规范，是否存在案卡漏填、错填等情况。对发现的不规范情形进行口头提示，提醒承办人及时纠正；情节严重的，制发流程监控通知书，通知相关部门审查并及时纠正；对接收的线索怠于办理，在线索移送办理中玩忽职守、徇私舞弊，情节严重的，依法依规移送相关部门追究责任。

四是优化内部移送法律监督线索考核评价机制。2023 年 3 月，最高检印发了《检察机关案件质量主要评价指标》，新增内部移送法律监督线索成案率作为案件质量主要评价指标之一。当前，线索成案率指标存在盲目追高现象。为了片面追求线索成案率，一些地方只移送容易成案、能够成案的线索，不移送不好成案、不能成案的线索，一定程度上影响了线索移送数量。因此，要进一步优化线索考核评价机制。一方面，设置线索成案率通报值，引导各院在线索成案率达到通报值后不再追高。另一方面，优化线索成案率指标，将线索成案率指标优化为移送线索成案率指标和办理线索成案率指标，既考核发现院的工作量，调动发现院移送线索的积极性，又考核办理院的工作量，调动办理院办理线索的积极性；既鼓励多发现高质量线索，又鼓励积极办理线索、办好线索，更加全面地引导各级检察机关在注重线索质量的同时也注重线索数量。

# 人民监督员参与监督公益诉讼案件办理一体化实证分析

周霞琴　刘　定*

目　次



* 周霞琴，上海市人民检察院案件管理办公室副主任；刘定，上海市人民检察院案件管理办公室检察官助理。

（五）监督活动涉及领域广，监督质效有所显现

三、人民监督员参与监督公益诉讼案件办理一体化之实践难题

（一）理念认识上不到位

（二）制度规范上缺乏系统顶层设计

（三）工作机制上无法有效融合

（四）实践效果上无法实现监督一体化

四、人民监督员参与监督公益诉讼案件办理一体化之完善对策

（一）将全过程人民民主理念融入公益诉讼案件办理一体化的全过程

（二）构建人民监督员全过程参与监督公益诉讼案件办理一体化的制度体系

（三）探索人民监督员全过程参与监督公益诉讼案件办理一体化的长效机制

（四）积极发挥人民监督员全过程参与监督公益诉讼案件办理一体化的智慧“外脑”作用

## 一、人民监督员参与监督公益诉讼案件办理一体化之价值意义

### （一）有利于案件办理一体化与社会治理一体化的相互融合

《人民检察院公益诉讼办案规则》明确公益诉讼案件从线索发现、调查取证，到提出检察建议、跟进调查、提起诉讼、出席法庭等①，实行一体化和全流程的办案模式，同时依照规定接受人民监督员监督。结合案件特点，可以跨区域、跨专业抽选人民监督员，

① 徐全兵：《在公益诉讼检察中彰显一体化优势效能》，载《检察日报》2022 年 8 月 25 日第 3 版。

通过公开听证、现场调查等方式参与案件全流程的办理，助力检察机关打破横向和纵向的资源配置壁垒，整合办案资源，实现资源调配一体化[①]，形成办案一体化的合力。同时公益诉讼案件涉及群众“急难愁盼”等突出问题，发挥人民监督员的专业性和群众性优势，进行全链条、全过程的监督，利用检察建议督导协同相关单位进行溯源治理，实现公益诉讼案件办理一体化和社会治理一体化的相互融合。

### （二）有利于全过程人民民主理念与检察一体化理念的相互融合

党的二十大报告指出，全过程人民民主是社会主义民主政治的本质属性，是最广泛、最真实、最管用的民主；要健全人民当家作主制度体系，扩大人民有序政治参与。《中共中央关于全面深化改革若干重大问题的决定》要求“广泛实行人民陪审员、人民监督员制度，拓宽人民群众有序参与司法渠道”。根据《人民检察院办案活动接受人民监督员监督的规定》，人民监督员通过案件公开听证、出庭支持公诉、案件质量评查、法律文书公开宣告、检察建议的研究提出、督促落实、检察工作情况通报等方式，增强监督和参与的程序化、制度化，切实把全过程人民民主理念落到实处。[②] 同时，不同层级、区域的人民监督员可以联合开展监督活动，集中优势资源和力量对重大疑难复杂案件的办理进行全程、全方位、持续跟进，形成监督合力，打破地域、层级等纵向限制和不同条线内部壁垒，实现“四大检察”横向协同；人民监督员运用听证、案件质量评查、检察建议可行性研究和督促落实等方式进行监督，实现了各

① 张谊山：《以“四个一体化”推动完善知识产权检察综合履职机制》，载《中国检察官》2022 年第 21 期。

② 李小东：《新时代检察一体化原则的新发展》，载《人民检察》2022 年第 24 期。

业务条线的内部协作，实现全过程人民民主理念和纵向上下一体、横向一体化、内部协作一体化办案机制的相互融合。

（三）有利于办案质效与公平正义理念的相互融合

人民监督员通过参与线索研判、调查核实、公开听证、检察建议、宣告送达、现场督导、“回头看”等办案活动，对公益诉讼案件办理进行监督；向人民监督员借力借智、补强办案团队“外援”方式①，实现“专业知识＋法律监督”的有效融合，提高办案质效。同时，人民监督员可以建言献策，推动类案监督和行业治理，积极参与社会治理，破解难题，督促各方共同履职，实现公众利益得到最大程度维护，实现办案质效得到更高程度上的提高。

党的二十大报告强调，要“加快建设公正高效权威的社会主义司法制度，努力让人民群众在每一个司法案件中感受到公平正义”。公益诉讼案件办理要让人民群众感受到公平正义，要实现内外评价的统一，内部可以通过案件质量评查、检察官业绩考评指标、典型案例评审等方式实现，外部可以通过人民监督员参与监督进行评判。人民监督员来自人民，根植大众，对公益诉讼案件办案质效的亲身感受，代表了广大人民群众对公平正义最朴实、最真实的感受，代表了人民评判标准②。因此，人民监督员参与监督公益诉讼案件，即人民监督员代表人民群众通过监督办案提升办案质效，从个案监督中感受公平正义，从而实现了办案质效和公平正义理念的相互融合。

---

① 闫晶晶：《让检察公益保护可知、可感、可信》，载《检察日报》2022 年 12 月 21 日第 1 版。

② 张卫明：《“人民是阅卷人”的价值意蕴》，载《光明日报》2018 年 2 月 2 日第 6 版。

### （四）有利于内部监督、外部监督与法律监督职能的相互融合

公益诉讼案件办理体现了办案、监督、治理一体化①，通过流程监控、质量评查、业务数据研判分析、法律监督模型等内部监督，实现对公益诉讼办案一体化检察权运行的监督；同时，人民监督员监督作为外部监督机制的重点，让人民监督员以独立的第三方，代表公民承担起一种富于参与精神、公共关怀和公民品德的积极角色②，参加到公益诉讼办案活动中并发挥作用，实现了内部监督和外部监督的相互融合。

公益代表是检察机关的底色，法律监督是检察机关的特色③。检察机关提起公益诉讼，目的是充分发挥检察机关法律监督职能作用，促进依法行政、严格执法，维护宪法法律权威，维护公平正义，维护国家和社会公共利益。④ 公益诉讼案件办理就是促进内部监督、外部监督、法律监督职能的深度融合，充分发挥法律监督职能的合力，有利于优化司法职权配置，有利于推进法治政府建设⑤、法治社会建设，推进国家治理体系和治理能力现代化。

## 二、人民监督员参与监督公益诉讼案件办理一体化之实践现状

通过对 2021 年 1 月至 2023 年 6 月 S 市 16 家基层检察院组织人

---

① 赵亮：《检察一体化的履职展开》，载《检察日报》2022 年 11 月 7 日第 3 版。

② 肖滨：《让公民直面 “respublica”：当代共和主义塑造积极公民的战略性选择》，载《南京大学学报（哲学·人文科学·社会科学版）》2006 年第 6 期。

③ 谢鹏程：《论法律监督与公益代表——兼论检察机关在公益诉讼中的主体地位》，载《国家检察官学院学报》2021 年第 1 期。

④ 参见《最高人民法院、最高人民检察院关于检察公益诉讼案件适用法律若干问题的解释》第 2 条。

⑤ 习近平：《关于〈中共中央关于全面推进依法治国若干重大问题的决定〉的说明》，载《求是》2014 年第 21 期。

民监督员参与公益诉讼案件的活动数据进行梳理和深入分析，发现人民监督员参与监督公益诉讼案件办理一体化存在以下几方面特点：

（一）参与次数大幅增加，但总体占比仍较低

2021 年 1 月至 2023 年 6 月，S 市检察机关共组织人民监督员参与公益诉讼案件相关工作 256 件次，占同期人民监督员开展监督活动 6362 件次的 4.02%，院均开展活动 16 件次。从时间分布看，2021 年有 40 件次，2022 年有 136 件次，2023 年 1 月至 6 月有 80 件次。

可以明显看出，人民监督员参与公益诉讼案件办理一体化工作的次数逐年大幅增加，但总体来看仍不甚理想。2021 年 1 月至 2023 年 6 月，全市共立案公益诉讼案件 6677 件，人民监督员参与监督公益诉讼案件办理的仅占 3.83%；其中行政公益诉讼案件监督活动 193 件次，占同期行政公益诉讼案件 5652 件的 3.41%；民事公益诉讼案件监督活动 63 件，占同期民事公益诉讼活动 1025 件的 6.15%。

（二）参与方式体现全过程监督，但监督方式开展不均衡

2021 年 1 月至 2023 年 6 月，人民监督员参与监督公益诉讼案件办理的方式体现了检察办案的一体化过程，从案件的诉前磋商、公开听证到检察建议的研究提出及督导落实，基本上覆盖了办案活动的全过程。但是监督方式存在不均衡的情况，主要集中在案件公开听证。公开听证大约 175 次，占监督活动件次的 68.36%，检察建议的研究提出、督促落实 29 次，人民监督员通过其他方式对办案活动提出意见 6 次，法律文书宣告送达 5 次，案件质量评查和司法规范化检查各 1 次，其他司法办案工作 39 次。

（三）参与方式选择碎片化，全过程监督有所欠缺

从2021年1月至2023年6月人民监督员参与公益诉讼案件的监督活动情况来看，参与监督的案件数为230件，平均每件参与的监督次数为1.11次，并且大部分都是案件的听证；其他的监督方式数量偏少，如检察情况通报、质量评查，人民监督员全过程参与明显不足，出现碎片化监督，案管部门和办案部门在综合运用监督方式上衔接不顺畅。

（四）参与深入度仍有不足，存在监督形式化风险

2021年1月至2023年6月，有463名人民监督员参与监督公益诉讼案件，监督意见数量偏少，领导的头雁作用发挥不明显。463人次监督活动中，无意见331条，有意见132条，平均每人次0.29条，不采纳有3条；有9次监督活动通过现场走访或者勘察进行，有7次监督活动由检察长主持且占比仅2.73%，有1件案件是由检察长承办。个别意见建议存在内容同质化、形式化的问题，有的仅写同意检察机关的处理决定，或者希望加大宣传力度，提高社会影响力，没有实质化的监督意见。

（五）监督活动涉及领域广，监督质效有所显现

2021年1月至2023年6月，S市基层检察院邀请人民监督员参与公益诉讼案件监督活动，人民监督员提出了不少专业意见并被采纳，提升了办案质效，增强了司法公信力，并通过持续跟踪问效，积极发挥检察建议的可行性、有效性，实现了“办案一件，治理一片”的积极效果，促进了国家治理体系和治理能力的现代化。例如，某盲道治理公益诉讼案件，以检察“小案件”推动社会“大治理”，被最高检评为“深化司法民主建设 推进全过程人民民主”典型

案例；某保护河道水环境行政公益诉讼案，形成“河长 + 检察长 + 人民监督员”治河模式，被最高检评为人民监督员参与和监督检察公益诉讼办案活动典型案例；督促整治某砖瓦厂非法占用耕地资源行政公益诉讼案，发挥人民监督员“外脑”作用，精准督促，被最高检评为耕地保护检察公益诉讼典型案例。

## 三、人民监督员参与监督公益诉讼案件办理一体化之实践难题

### （一）理念认识上不到位

办案人员对人民监督员的价值存在认识误区。个别承办人缺乏“在办案中监督，在监督中办案”的意识，片面办案、孤立办案，没有认识到人民监督员制度是走进群众、增强公信力、提高认可度的有效机制①。

人民监督员自我认知不足。公益诉讼问题复杂、牵涉面广，个别人民监督员认为“骨头案”“钉子案”吃力不讨好，参与监督获得感不强；对监督过程中的困难估计不足，专业水平、体力、精力带来的挑战让部分人民监督员望而却步。

对人民监督员参与公益诉讼一体化办案的价值存在认识缺位。个别承办人对人民监督员价值理念的认识不足，邀请参与监督的过程碎片化、随意化，无法发挥全流程监督效果；同样，个别人民监督员认为公益诉讼案件都是社会管理“死角”、无人能解决的“死局”，对待监督持观望态度。

---

① 陈卫东、胡晴晴、崔永存：《新时代人民监督员制度的发展与完善》，载《法学》2019 年第 3 期。

### （二）制度规范上缺乏系统顶层设计

缺乏系统的制度规范。《人民检察院办案活动接受人民监督员监督的规定》没有明确规定对公益诉讼案件开展监督，《人民检察院公益诉讼办案规则》第 12 条“人民检察院办理公益诉讼案件，依照规定接受人民监督员监督”只是笼统作了规定，如何相互配合，建立协调机制，需要进行制度上的完善和细化。

缺乏系统的配合机制。公益诉讼案件包括立案、调查、检察建议、提起诉讼等环节，涉及生态环境和资源保护、食品药品安全、国有财产保护、国有土地使用权出让、未成年人保护等领域的社会治理，人民监督员如何全过程参与监督缺乏系统的协调配合机制。

缺乏合适的供需平衡机制。公益诉讼案件办理需要有专业背景、有丰富社会阅历、化解矛盾能力强的人民监督员配合，但实际办案抽选过程中没有一个平衡机制，会出现人民监督员匹配率低、监督形式化、监督效果虚化；同时造成专业人才的浪费，人民监督员无法发挥应有的价值。

### （三）工作机制上无法有效融合

选任机制和需求机制不匹配。人民监督员的选任和管理由司法行政机关负责，在选任人民监督员的过程中对专业性关注不足；为了保障人民监督员选任的客观性和公正性，检察机关无法过多参与专业人才的选任，无法保证选任公益诉讼案件的专业人才，造成选用不匹配，办案一体化很难发挥监督作用。

抽选机制和选派机制不匹配。《人民检察院办案活动接受人民监督员监督的规定》第 5 条规定“人民监督员的选任和培训、考核等管理工作，依照相关规定由司法行政机关负责，人民检察院予以配合协助”，并明确以随机抽选方式选派人民监督员。因此，在面向公益诉讼检察时会产生“供给危机”——随机性选派机制难以全面回应和满足专业化需求，监督质效不尽如人意。

监督模式和案件复杂程度不匹配。目前，邀请人民监督员监督形式过于单一，缺乏必要的交流环节，人民监督员对案件的背景、缘由、进展阶段、争议的焦点了解不深入；如果案件相对更为复杂，仅仅在个别环节上进行片段式监督，人民监督员对后续责任认定、检察建议等环节的建言献策将无法体现，办案效果受到影响。

### （四）实践效果上无法实现监督一体化

缺乏一体化监督模式的办案思维。“线索发现难、转化难、成案难是各地检察机关在开展公益诉讼时遇到的共同难题”[①]，办案人员的压力集中于线索的梳理，接受监督被置于次要地位，未得到应有的关注，一体化监督办案模式的思维还未完全建立。

缺少一体化的监督衔接机制。邀请人民监督员取决于办案人员的自我选择。在传统观念中，更重视刑事案件的监督，如果公益诉讼案件法律后果的严重性在公众的心理承受范围之内，则对移送公益诉讼部门的案件进行监督显得不是很迫切，成为实际上监督的薄弱项。

缺少一体化的培训交流机制。人民监督员和检察官缺少联合培训的机会，对如何助力办案、如何开展监督难以形成共识。同时，二者之间的交流往往是在个案监督的环节上，交流互动片面化、碎片化。如何促进相互间的交流和配合，发挥人民监督员的专业性和第三方监督性，提升公益诉讼案件的办案质量，急需进行必要的培训和交流。

---

① 张维：《行政公益诉讼：案件线索发现难转化难成案难》，载《法制日报》2017 年 11 月 24 日。

## 四、人民监督员参与监督公益诉讼案件办理一体化之完善对策

### （一）将全过程人民民主理念融入公益诉讼案件办理一体化的全过程

形成横向一体化的全过程监督理念。人民监督员参与监督公益诉讼案件融合了“四大检察”业务，打破了各个检察业务办案监督界限，实现横向一体化的监督，将监督融入案件办理一体化的全过程，形成全方位、全覆盖、全链条的监督流程，真正体现出全过程人民民主理念。

形成纵向一体化的全过程监督理念。人民监督员的参与，打破单位、行业间的壁垒，协调各方利益，让“大家的事情，大家一起商量着办”，画出最大“同心圆”，同时以参与者、监督者、亲历者等多种身份捍卫公众利益，从而提升纵向一体化全过程监督的水平，凝聚各方智慧，提升公益诉讼案件办理的质效和科学化水平。

形成相互融合的一体化全过程监督理念。人民监督员应当全流程参与公益诉讼案件一体化办理；检察机关应当充分听取人民监督员的意见建议，在代表国家行使公益诉讼权力时得到“有效制约和监督”。让人民监督员见证和参与检察机关维护公共利益的全过程，从而形成相互融合的一体化全过程监督理念。

### （二）构建人民监督员全过程参与监督公益诉讼案件办理一体化的制度体系

构建监督办案一体化制度体系。适时出台人民监督员法①，推

① 支振锋：《人民监督员制度面临哪些亟待解决的时代课题》，载《人民论坛》2019 年第 3 期。

进人民监督员制度法治化，形成立法上的制度保障；探索“人民监督员+人大代表或政协委员”机制①，将以人民监督员为代表的社会公共利益群体的监督纳入人大、政协工作监督范围，通过衔接机制将各方监督力量整合在一起，形成公益诉讼案件办理一体化的监督模式。

细化推进过程中的实施细则。可以制定公益诉讼办案活动主动接受人民监督员监督的实施细则，将公益诉讼案件办理纳入应当监督的范围，纳入检察机关的考核体系；将线索发现、调查取证、诉前程序、检察建议制发、督导落实、提起诉讼、出席庭审等各个环节明确纳入人民监督员的监督范围；同时细化人民监督员全过程参与的建议权、阅卷权、调查权、异议权、反馈及各种权利保障，形成全过程保障人民监督员充分履职的实施细则。

建立互联互通的配合机制。建立互联互通的信息共享机制，发挥人民监督员代表广泛性和专业性的优势，将数据优势转化为办案合力，提升办案质效和监督质效；建立常态化联络机制，实现常态化互动，强化公益诉讼诉源治理机制，健全线索研判会商、社会治理建议制发及反馈、定期通报机制，深化联合交流机制，推进人民监督员深度参与公益诉讼案件办理。

### （三）探索人民监督员全过程参与监督公益诉讼案件办理一体化的长效机制

建立供需一致的人民监督员选任机制。检察机关、政府机关、人大、政协、社会团体、军地部门、专家、学者、群众代表、益心为公代表共同梳理公益诉讼关注的领域和专业人才需求，纳入人民

---

① 罗施福、谢业：《论人民监督员制度的价值重塑与探索展望》，载《湖南警察学院学报》2022年第6期。

监督员的选任方案，建立起由司法行政机关主导、检察机关及其他机关共同配合的选任机制，通过法定程序选出一批专业精通、结构合理的人民监督员队伍，为全过程参与公益诉讼办案一体化提供人才支撑。

建立选用一致的人民监督员抽选机制。通过建立公益诉讼启动评估机制，梳理出案件可能涉及的专业人才配置和需求，提出精准需求，通过检察机关上下一体联动，案管部门协调司法行政机关抽选出匹配一致的人民监督员，通过“业务部门识别领域、案管部门注明申请、司法行政机关定向选派人员”的工作流程，形成有“专业类别定向归类＋具体人员随机抽选”的抽选机制。

建立一体化的培训交流机制。检察机关、法院、公安、高校、科研机构、政府、行业协会、司法行政机关通过一体化的协调机制，让检察官、法官、人民监督员、律师、行政机关公职人员、社会从业人员同堂培训，通过现场、网上、云端等多种方式实现培训一体化资源的共享机制；建立一体化的交流机制，通过新闻发布会、理论研讨会、检察开放日、定期的协商会商等方式加强人民监督员和检察机关、其他单位的交流，实现信息互通。

### （四）积极发挥人民监督员全过程参与监督公益诉讼案件办理一体化的智慧“外脑”作用

前期研判评估。人民监督员按照专业、背景、特长跨专业组成公益诉讼前期评估机制；邀请具有相关专业背景、矛盾化解能力的人民监督员，对一些重大领域的公益诉讼线索进行可行性分析研判；制定人民监督员参与监督的计划，增强监督的科学性和针对性。

持续监督问效。人民监督员参与监督要持续跟进，从线索收集整理、研判分析、调查核实、证据收集、诉前磋商、社会治理、支持起诉、督导落实等方面形成全过程、全链条的监督，以外部独特的视角感受公平正义在办案中的具体体现；参与社会治理建议的可行性研究，通过督导落实、“回头看”等环节，真正将办案和监督质效体现在每个环节，体现在特定领域公共利益的维护上。

推进溯源治理。源头治理旨在通过前移治理关口、整合治理资源、创新治理方式等①，针对公益诉讼个案办理背后反映的行业和社会深层次治理问题，充分发挥人民监督员专业性、代表性、外部监督性作用，协助检察机关梳理出行业治理的焦点问题，提出针对性的专业意见，以磋商、检察建议等非诉方式督促行政机关和相关单位主动纠错，建立部门间协调配合机制，弥补社会治理出现的漏洞，促进源头治理、系统解决，最大限度维护国家利益和社会公共利益。

① 薛永毅：《诉源治理与溯源治理是司法机关参与社会治理的重要方式——彰显融入社会治理责任担当》，载《检察日报》2022 年 7 月 28 日第 3 版。

# 新时代检察听证实践与探索

## ——以江苏省南京市检察听证工作为样本

徐歌旋　严　俊　徐胜男*

目　次



党的十八届四中全会提出“要在司法调解、司法听证、涉诉信访等司法活动中保障人民群众参与”。2020 年，最高检出台《人民检察院审查案件听证工作规定》（以下简称《听证规定》），对听证案件范围、听证会程序等内容进行规范，将检察听证实践工作制度化。2021 年，最高检在《“十四五”时期检察工作发展规划》中提

* 徐歌旋，中国法治现代化研究院研究员，区域法治发展协同创新中心研究员，南京师范大学法学院讲师；严俊，江苏省南京市人民检察院案件管理部检察官助理；徐胜男，江苏省南京市江宁经济技术开发区人民检察院第四检察部主任，四级高级检察官。

出“应听证尽听证”的改革目标。检察听证作为检察机关深入践行司法为民理念的制度举措，坚持“案结事了人和”的价值目标，与诉源治理“预防化解矛盾纠纷”的价值意蕴一脉相承、高度契合。

## 一、将“枫桥经验”融入检察听证，促进矛盾纠纷源头预防和化解

南京市检察机关紧紧围绕习近平总书记关于坚持和发展新时代“枫桥经验”的重要指示精神，贯彻落实全过程人民民主理念，充分发挥检察听证在化解社会矛盾、促进诉源治理、提升办案质效等方面的积极作用，努力让人民群众在每一个案件中感受到公平正义。

1. 听证数量大幅上升。2023 年，南京市、区两级人民检察院共开展检察听证 1045 件，同比增长 90.35%，听证案件总量居全省首位。检察机关改变以往检察听证以刑事案件听证为主的模式，“四大检察”共同发力，在履职过程中更加注重运用检察听证机制，充分释法说理，积极化解矛盾，优化营商环境。其中，开展刑事检察听证 784 件、民事检察听证 77 件、行政检察听证 67 件、公益诉讼检察听证 117 件。

2. 听证范围极大拓展。一是以检察听证“全覆盖”深化定分止争机制。检察听证全覆盖包括两级检察院听证全覆盖、“四大检察”全覆盖、检察长听证全覆盖、一线员额检察官全覆盖以及听证员全覆盖。二是抓好“关键少数”示范引领作用。将检察听证作为“一把手”工程，落实检察长、分管院领导、业务部室负责人带头主持公开听证，发挥“关键少数”示范引领作用，为办案检察官开展公开听证打好“样板”。三是以“头雁效应”带动“群雁齐飞”。2023 年，南京市、区两级人民检察院“一把手”检察长主动带头主持听证 27 件，其他院领导主持听证 195 件，院领导主持听证占全部

听证总数的 21.24%。两级人民检察院院领导积极办理重大、疑难、复杂听证案件 124 件，占比 55.86%。全市一线员额检察官在办案中综合运用检察听证机制推动实现“案结事了人和”。2023 年，南京市各基层人民检察院共计 169 名一线员额检察官开展检察听证 823 件。

3. 听证工作规范推进。南京市人民检察院加强对听证质效的分析研判，将听证工作纳入对基层人民检察院的考核。规范案卡填录，确保听证数据“真、准、实”。开展全市听证案件案卡填录情况专项核查，发现存在听证案件重复登记、听证登记案卡错漏填等问题，及时督促整改。

4. 听证影响逐步扩大。南京市、区两级人民检察院积极通过官方微信、宁检智慧听证小程序等多个载体发布听证公告、听证资讯，鼓励社会各界群众参与旁听检察听证，让公平正义更具“现场感”。利用检察开放日等渠道，举办“零距离”观摩公开听证系列活动，邀请高校师生、律师、群众代表等沉浸式体验检察听证，亲身感受检察办案的司法温度。在检察微信公共号创设“听证员话听证”栏目，为听证员分享履职感悟提供平台。

2024 年 1 月 23 日，最高检调研指导南京检察听证管理系统建设工作座谈会在南京顺利召开。检察听证的南京做法、南京经验得到了最高检有关领导的肯定，实有必要将南京在检察听证过程中积累的经验予以总结、将发现的不足予以完善，以供更多地区参考借鉴。

## 二、杜绝凑数听证，确保实质听证

近几年，全国检察听证适用率逐年提升，实质性解决争议案件数不断上涨。根据 2020—2022 年《最高人民检察院工作报告》公布的数据，2019 年全国检察听证件数为 2680 件，2020 年为 2.9 万余件，2021年为10.5万余件。但是为了达到最高检的听证率指标，部分地区存在“凑数听证”的现象。最高检第十检察厅统计发现，控申系统2021年的听证案件中，有43%的案件是没有争议性的司法救助类案件，而大量久诉不决的疑难案件并未进行听证。“凑数听证”浪费司法资源，有违检察听证的制度目标，难以实现检察听证的制度价值。

故而，2023年《最高人民检察院工作报告》从强调全国检察听证件数转为强调检察听证工作实质化程度：对争议大、影响性案件，开展公开听证4.4万件，让公正可感受、被认同，化解率超过80%。为杜绝凑数听证，确保实质听证，南京检察听证采用渐进式策略扩大听证范围，严把“案件争议程度”“案件轻重程度”“案件影响程度”三个要素，将听证案件限制在最具“争议性”和“社会影响力”的“重大”案件中，再根据当事人需求以及检察机关的经费状况，逐步扩大听证案件范围，具有很强的可复制性与操作性。

1. 以“案件争议程度”为中心构建听证案件过滤机制。《南京市检察机关听证工作指引（试行）》（以下简称《工作指引》）将争议性作为案件需要听证的基本门槛。《工作指引》第2条规定，对矛盾已基本化解、本身没有争议的案件一般不宜组织听证。实践中，检察官通常结合检察官联席会意见、各级审批意见、检察委员会意见、公检法三家意见等分歧程度对案件争议程度进行判断。

2. 以“案件轻重程度”作为检察听证开展的重要参考。公众对于程序公正的需求，往往与被剥夺的利益大小有关。听证会开展的程度，亦应与案件的严重程度呈比例关系。南京市检察机关根据案件性质、涉案数额、涉及权益大小等因素综合判断案件轻重程度，将“一案一听证”和批量集中听证、个案听证和类案听证相结合，以多样化、多层次的听证方式取得了节约司法资源、案件公正办理的良好效果。

3. 以“案件影响程度”作为检察听证方式的判断因素。案件影响程度体现了社会公众对案件的关注程度。社会影响力大的案件，其裁判结果会超过对当事人个体所产生的法律效果，影响公众的观念和认知，因此在程序设定上应较一般案件更为慎重。南京市检察机关先后办理非法捕捞水产品刑事附带民事公益诉讼，与房地产开发有限公司商品预售合同纠纷申请民事诉讼监督，危害珍贵、濒危野生动物等检察听证案件，聚焦老百姓关心的问题，以案释法，让公平正义可感可触。

## 三、 完善听证程序，谨防未听先定

随着社会主要矛盾的变化，人民群众对司法检察的需求已经从“有没有”上升到“好不好”。人民群众需要的不仅是一纸法律文书，还有更加公开透明的司法过程、更加充分的参与及诉求表达机会。检察听证应能够让当事人充分表达诉求，聚合当事人和涉及的办案机关，在事实与法律层面释明案件争议焦点，努力在“阳光下”明辨案件是非。

1. 构建利害主体的听证申请激励保障机制。听证包括依职权听证和依申请听证两类，但实践中，当事人申请开展检察听证的情况较少。出现上述情况的原因在于：其一，虽然《听证规定》第 9 条已明确当事人及其辩护人、代理人可以向检察机关申请召开听证会，但是未明确具体的申请流程。其二，申请权虽在当事人，但决定权在检察机关。现行规定未赋予申请人救济渠道。其三，部分当事人对什么是听证及自己享有的听证权利没有概念，甚至对检察听证活动的内容及目的存在误解。鉴于目前检察听证启动仍以检察机关依职权启动为主，后续检察工作应着力加大对检察听证的告知、宣传和推广力度。此外，应建立针对利害关系人模板化、规范化的听证权利告知机制。例如，在当事人权利义务告知书中增加听证权利义务告知模块，并详解听证的申请渠道、时间节点和方式方法，以及听证一经启动后可能导致的实体、程序效果，提高利害关系人对听证制度的认知和运用程度。

2. 优化听证过程管理提升听证质证实质化水平。检察听证流程一般分为：听证程序启动、听证前准备、听证程序运行、形成意见。听证程序一旦启动，检察官应核实清楚案件事实，梳理好争议焦点，以便为后续听证程序运行聚焦争议问题。在听证程序运行这一关键阶段，借鉴庭审实质化的要求，相关新证据要在听证会出示，控辩意见要在听证会发表，争议问题要在听证会查明，意见要在听证会形成。为了对听证程序的实质化运行进行全流程管理，南京检察机关通过听证会时长、各方参与主体发言时长、争议焦点总结等环节，结合听证员、人民监督员意见，进行综合判断、监督。当然，优化听证过程管理，提升听证质证实质化水平并不意味着要与人民法院开庭审理模式完全相同。相较于封闭式书面审查，实质化听证具有直接、对抗的特点；相较于严格的开庭审理，实质化听证则具有简便灵活、适用广泛的特点。

3. 保证听证意见的实质性听取。目前，三大诉讼程序法并没有明确检察听证结果应该被司法机关采信的强制力。根据《听证规定》，检察官拟不采纳听证员多数意见的，向检察长报告并获同意后即可作出决定。听证员有表达意见的权利，却并无参与决定案件结果的权利。实践中，检察机关是否采纳、如何采纳听证员意见往往由承办检察官掌握。“向检察长报告并获其同意”的机制虽将不采纳听证意见的否定权提升至检察长级别，但因向检察长报告的主体是检察官而非听证员，该规定仍无法有效保障听证意见对结果产生实质性影响。检察听证制度契合了优化检察权运行的内在需求，补强了检察办案程序诉讼化构造的先天不足。结合南京检察听证工作开展过程中遇到的制度瓶颈，本文认为，后续或可考虑在诉讼法或者司法解释层面赋予听证员申请复议的权利，如果听证员的意见在复议后仍与检察官不一致，则呈报检察长或检察委员会决定。

## 四、 减负增压并行，技术配套协助

相较于传统的书面审查，听证程序需要检察官组织听证会、邀请听证员、安排双方进行举证和质证。一些特殊的听证方式，如在企业合规不起诉中采取的“双听证”模式，进一步增加了个案听证的成本。检察官承担的工作量很大程度上会影响其组织听证的意愿。听证活动主要是在基层检察院进行，增加个案的办案时间，容易让检察官产生畏难情绪甚至抵触情绪，从而影响检察听证适用的积极性。若想提升检察听证工作的实施质效，不仅要通过制度考核加压，还要利用技术手段为检察官减负。

南京检察系统以数字化管理提升检察听证质效。南京市人民检察院自主研发听证管理软件，一期版本于 2023 年初全市上线应用，受到办案部门检察官高度好评。最高检案管办和江苏省人民检察院案管办领导多次对该软件进行指导。二期版本于 2023 年 11 月在全市上线应用，成效显著，获评省法学会数字法学会研究会“江苏智慧法治创新年度案例”荣誉。

检察信息化将信息技术与法律监督进行深度融合。检察信息化所包含的一系列技术可以在案件管理、流程控制、证据审查、文书生成等方面提升听证的效率。检察院信息化程度越高，检察院在听证准备、人员联络、案件管理和听证记录中的效率就会越高，特别是智能办案系统的使用，将显著减少听证准备过程中的人力投入。检察听证的各项问题亦可借助智慧系统进行研判分析。南京检察系统已经在摸索借助听证管理软件调整听证员的配置比例，复盘听证员的参与情况，开展听证案件的类型研究以及设置听证案件的风险预警，并取得了一定成绩。

## 五、 检察听证能动履职，衔接基层社会治理

检察听证，一方面能够有效促进司法公开，保障司法公正，提升司法公信；另一方面能够落实普法责任，通过以案释法来促进矛盾化解，预防违法犯罪，发挥促进诉源治理的作用。南京检察系统促进检察听证与基层治理相结合。

1. 党建引领，结合亮点。南京市人民检察院结合党建工作，着力打造“听证纾困，法润民心”支部品牌，以检察听证促进基层社会治理，得到市级机关工委高度肯定，相关做法被新闻报道。南京市各基层检察院探索将检察听证与片区检察官、政法网格员、一站式轻罪治理等各区域特色亮点工作相结合，探索社区听证室、检察为民中心建设，听证工作各具特色。

2. 上门听证，司法为民。上门听证是诉源治理的有益创新，是践行新时代“枫桥经验”的生动体现。对于当事人年老体弱或具有普法教育意义的案件，南京检察系统开展上门听证。如江宁开发区院办理的七旬老人全部积蓄被盗不服法院判决申诉案，得知老人因案生病住进敬老院后，检察官主动上门组织公开听证，社区工作者、敬老院工作人员、居住在敬老院老人共同参与，耐心释法说理，通过办案帮助追赃挽损，解决老人“急难愁盼”。敲开百姓门，走进民心处。

3. 下沉社区，进网入格。针对人口居住密度大、人员结构复杂、城市新型社会矛盾突出的区域，雨花台区院、玄武区院探索建设“社区网格听证室”，将听证会开进社区，探索开展社区集中听证，通过“社区听证＋”的模式，与社会公益服务、法律咨询、矛盾化解相结合，让检察服务更贴近群众，助力社区综合治理。“政法网格员＋片区检察官”工作机制促进了“检网融合”，探索出一

条检察听证深度融入区域社会治理的创新路径。依托该项机制，检察机关不仅全面履行了检察听证职能，还有效助力构建了基层善治新格局，打造了高效能基层治理的南京“检察听证样板”。

4. 跨省协作，协同治理。2022 年，南京市雨花台区人民检察院对赵某某涉嫌贩卖毒品立案监督案在甘肃进行公开听证。考虑到火麻在中西部地区种植广泛，属于当地传统经济作物，赵某某在主观上不具有认识到火麻是毒品的可能性，遂联系甘肃当地检察机关共同筹备听证会。办案组邀请当地具有相关专业背景的人民监督员、农业专家、基层群众参与听证，在论证赵某某无罪之余，向到场群众介绍了火麻的相关知识，在当地起到警醒作用，避免不法分子利用地区差异进行不法交易。随着经济生活交流的普遍化，异地协作也应常态化、制度化、规范化。通过成功个案不断总结经验，有助于促进执法标准的统一，有助于通过协作机制的探索建立达到各方的多赢共赢，有助于实现跨区域服务保障经济社会高质量发展，对于企业合规不起诉等听证事项也具有普遍的推广价值。

# 检察机关案件流程监控一体化工作机制研究

程昭文　贺　华*

## 目　次



在2024年1月14日召开的全国检察长会议上，应勇检察长强调，加强检察业务管理，要正确处理好宏观管理和微观管理的关

* 程昭文，山东省济宁市人民检察院案件管理办公室副主任；贺华，山东省济宁市兖州区人民检察院检察业务管理部副主任。

系。案件流程监控是微观管理的重要方式之一。《最高人民检察院关于加快推进新时代检察业务管理现代化的意见》指出，要强化案件管理部门对案件的流程管理，推进案件流程监控实质化。与案件的宏观管理相比，案管部门的微观管理，特别是流程监控发挥作用不足，影响了案管工作的全面发展。① 本文拟从内部一体化履职、部门一体化协同、上下一体化联动三个维度，聚焦流程监控实践中的突出问题，探析完善案件流程监控一体化工作机制的有效路径，以期对提升流程监控质效进而更好发挥案件管理枢纽作用有所裨益。

## 一、 内部一体化履职，构建案件流程立体监控模式

随着案件管理工作步入“快车道”，案件管理职能不断拓展深化，内部分工也更加精细。与之相伴相随的是，出现各项职能履职彼此孤立、互相割裂的倾向，特别是流程监控和案管其他业务配合聚力不够。究其原因，在于缺少系统思维，没有从整体上认识和把握流程监控工作。比如，实践中，流程监控往往止步于就个案发出流程监控通知，结合业务数据分析开展类案流程监控较少。为此，要树立“大流程监控”理念。案件管理部门人人都是流程监控员，综合运用数据统计核查、案件质量评查、专项分析研判，实现案件流程点、线、面相结合的立体监控，提升流程监控的全面性、精准性、有效性。

### （一）融入数据统计核查，实现流程监控“点”的深化

业务数据是检察工作数字化的反映。报表数据是否异常，是否

① 中国军：《检察机关案件流程监控工作的检视》，载《中国检察官》2023 年第 23 期。

符合逻辑，既反映了案卡数据填录的准确性，也是衡量案件办理是否规范的线索。特别是通过开展辩护人意见听取、认罪认罚案件、诉判不一等一些专项核查，能够及时发现相关办案流程问题。检察业务数据管理员要及时将日常数据审核发现的案件信息填录假、错、漏、迟问题及异常数据情况移送案件流程监控员开展案件流程精准监控，准确把握案卡填录背后的具体问题、具体原因，通过流程监控督促相关办案人员及时核查、纠正，消除司法办案不规范问题。流程监控员也要主动和统计审核人员做好对接，积极收集数据核查涉及的流程监控敏感性信息，从中发现流程监控发力点，推动流程监控工作走深走实。

### （二）融入案件质量评查，实现流程监控“线”的延伸

案件流程监控中发现的倾向性问题，是有的放矢开展案件质量评查的指引；案件质量评查中发现的程序性问题，是对精细化开展流程监督的提示，二者互为素材、相互促进。① 因此，流程监控要与案件质量评查深度融合，完善二者衔接机制，将程序监督与实体监督贯通起来，最大限度延长流程监控链条。

一方面，要细化向案件质量评查移送问题线索的流程。对流程监控中发现的实体问题线索应当第一时间移送办案部门并建立线索移送台账。案件办结后纳入案件质量评查范围时，再将台账交由案件质量评查人员，跟踪问题整改落实情况。同时，对于移送问题线索跟踪评查情况，应当明确案件质量评查向流程监控员进行反馈的方式和期限，以实现有效闭环监管。另一方面，要通过案件质量评查提炼流程监控要点。日常开展案件质量评查应当注重对评查出的

① 王方方、迟雅娟：《构建互联互通互补案管融合机制》，载《检察日报》2022 年 8 月 15 日第 3 版。

程序性问题及时进行归纳、分析、汇总，将发现的多发易发问题作为日后本地流程监控的重点，必要时可对评查出的普遍问题开展类案监控，进一步固化流程监控节点，切实提升流程监控实效和案件质量。

### （三）融入专项分析研判，实现流程监控“面”的拓展

业务数据分析研判可以通过对数据背后蕴含的程序性节点的深入分析，助推流程监控精细化的实现。因此，流程监控要注重向业务数据分析研判特别是专项分析研判借力，以专项态势分析研判的宏观监管作用延展流程监控的事前、事中监督的纠正作用，实现流程监控从个案监控到态势监控的拓展。

日常流程监控不能单纯就案说案，要制作流程监控台账和工作日志，定期将监控中发现的问题进行梳理汇总分析，主动深挖个案中隐藏的共性问题，对流程监控发现的普遍性、倾向性问题及时组织开展专项分析研判，由个案监督向类案监督延伸，推动影响司法办案更深层次问题的解决。比如，有的检察机关针对系统预警较为集中的未告知被害人有权委托诉讼代理人、未制作《刑事案件听取被害人意见表》等问题，查找案卡填录、文书制作、材料上传等方面存在的问题，认真分析研判，开展专项治理，向相关办案部门发出提示函，避免其他办案人出现类似情况。①

## 二、部门一体化协同，提升流程监控业务治理效能

案件流程监控通过过程控制来提升案件办理质效，是管理学理论在司法实践中的具体应用。有学者认为，管理者只有通过流程控

① 李琳：《推进数字检察建设　提升案件流程监控质效》，载《检察日报》2022年9月23日第3版。

制才能了解组织目标是否实现以及目标没有实现的原因。[①] 虽然案管部门和办案部门在落实“高质效办好每一个案件”的基本价值追求上是一致的，但在流程监控实践中，案件管理和案件办理存在着张力，两者之间的沟通未达到“无缝衔接”，流程监控的权威性和刚性约束还不够。一方面是由于流程监控人员素能和监督要求有差距，流程监控通知书主要指出一般性文书缺失、案卡填录不规范等表面化、浅层次问题，对严重程序违法发现纠正不多，监督质量不高；另一方面是因为部分检察官还存在“重实体，轻程序”的思维定式，再加上目前案件质量监督和检察官业绩评价没有有效衔接，对流程监控有抵触情绪，不重视流程监控问题整改。为此，构建正反馈的部门一体化协同机制，推动案件管理部门和其他部门良性互动，势在必行。

### （一）强化沟通交流，凝聚思想共识

在监控理念上，一方面，案件管理部门要尊重办案部门的办案主体地位。明确流程监控的对象为案件程序性内容，重点解决办案流程不规范、不完备、不及时等问题，防止流程监管活动对正常办案造成不当干预。另一方面，引导办案部门理解和支持流程监控工作。案件流程监控是立足监控视角，通过规范有序的监控，提升办案质量，是在监督的基础上提供更好的服务，而不是故意找毛病、挑问题，以此提高办案部门接受内部监督的自觉性。

在业务素能上，一方面，要提高案件管理人员的专业素质。通过日常业务交流、与办案部门同堂培训、邀请各办案部门业务骨干授课等形式，让流程监控员了解各项检察业务工作的流程和内容，

① ［美］斯蒂芬·P. 罗宾斯、玛丽·库尔特：《管理学》，李原、孙健敏、黄小勇译，中国人民大学出版社 2015 年版，第 481 页。

形成“从办案角度开展监控”的思维方式，提升流程监控专业化水平，提高问题发现的精准度，进而增强办案部门的认可度和接受度。另一方面，要让办案部门人员了解熟悉流程监控相关规定，提高对流程监控的认知度，以便更好支持配合案件管理部门开展流程监控工作。

在联络机制上，一方面，要加强和办案部门负责人的沟通。流程监控能够帮助办案部门负责人及时了解掌握本条线类案态势，更好从整体上把控案件质量，与其加强沟通，更容易达成共识，有助于流程监控事前、事中监督纠正功能的实现。另一方面，通过建立流程监控联络员队伍实现常态化联络。各办案部门明确一名责任心强、业务精通的人员作为部门流程监控联络员，和案件管理部门专职流程监控员对接，协助部门负责人做好本部门案件流程监控工作，增强流程监控工作合力。

### （二）强化协作配合，增强监控刚性

要细化问题整改跟踪监督程序。《人民检察院案件流程监控工作规定（试行）》第 17 条、第 18 条规定了口头提示、发出案件流程监控通知书后办案部门的核查、纠正回复时限。但在实践中，口头提示、案件流程监控通知书往往得不到部分办案人员的重视。建议各地在上述规定的基础上，明确办案部门不按照规定予以纠正与回复的后果，从而确保流程监控工作的权威性与实效性，促使办案部门主动配合案件管理部门做好流程监控工作。

要科学对接检察人员业绩评价。《人民检察院案件流程监控工作规定（试行）》第 20 条规定，将流程监控情况作为检察人员业绩评价的重要依据。要严格落实这一规定，对发出流程监控的案件扣除一定的质量分，以严密的考核机制提升案件监管实效，倒逼检察官重视办案质量，全面规范司法行为。在实际操作中，要和办案部

门加强沟通，确保评价指标的科学性与可操作性，避免唯数量论和“处罚过当”，防止陷入案件管理部门与办案部门在流程监控通知数量上针锋相对的困境。

要深化与检务督察工作的衔接。把贯彻落实《人民检察院案件管理与检务督察工作衔接规定》作为增强流程监管刚性的重要抓手，通过高质量的工作衔接增强流程监控刚性和实效。要探索建立案件管理部门、检务督察部门联席会议机制，定期召开联席会议研究解决流程监控中的难点问题。对流程监控中发现的问题线索，做到应移尽移，由检务督察部门跟进作出调查和处理。对流程监控中多发易发问题和共性问题，通过融入常规督察、开展专项督察等方式督促办案部门整改落实。

### （三）强化协同发力，推动业务治理

合力推动程序问题源头治理。在流程监控实践中，一些问题反复出现，必须深入剖析深层次原因，提出对策建议，从源头解决问题。比如，实践中，发现刑检部门的审查逮捕案件存在“收到执行回执日期”“执行情况”案卡未及时填录情况，经核实，其中部分案件是因公安机关执行回执送达延迟造成，遂建议刑检部门加强与公安机关沟通协调、督促整改。在从源头解决问题的同时，对公安等侦查机关规范办案程序也起到监督作用，充分发挥了案件流程监控业务治理效能。

合力推动检察监督提质增效。案件管理部门要深入落实最高检参与、跟进、融入式监督要求，以高质量的案件流程监控，创新拓展检察监督线索来源，更好服务司法办案。比如，在2023年山东省人民检察院部署开展的刑事裁判审查专项监管活动中，济宁检察机关通过将起诉意见书、起诉书、判决书“三书”审查融入流程监控，监控核查发现适用刑罚错误法律监督线索35条，均通过抗诉或

制发检察建议予以纠正。

合力推动类案问题预警预防。要充分发挥案件流程监控“治已病、防未病”作用，做好预警预防，达到“办理一案，预防一片”的效果。针对类案问题，案件管理部门可以安排专人依托流程监控系统定时对在办案件办理情况进行网上巡查，利用常态化沟通联络机制进行事前预警提示。同时可以融入分析会商，向办案部门通报流程监控工作态势，听取办案部门意见建议，及时调整流程监控方向和重点，以双向互动凝聚预防合力。

## 三、 上下一体化联动，形成流程监控整体驱动合力

“同体监督”难一直是困扰流程监控的重要因素。案件流程监控基本上是案件管辖院的案件管理部门对本院办案部门发起流程监控，二者同属“一家人”，在流程监控中往往产生监控不协调、不充分的问题。一方面，部分案件管理工人员往往抹不开情面，不能充分履行监管职责。另一方面，在平级监管模式下，办案部门对案件管理部门的监管职能容易产生排斥、抵触心理，进而可能引发“管与被管”关系中的矛盾分歧。最高检案管办主任申国军在全国案管主任工作会议中指出，抓支撑，就要突出抓“一体化”工作机制。对案件流程监控而言，构建上下一体、各有侧重的流程监控工作体系是发展要求，也是未来发展方向。要把同级监控与上级院监控融合起来，上级院支持下级院的流程监控工作，探索开展对下级院久拖不决问题、重点问题的流程监控，推动流程监控工作一体化发展。①

① 曹晓烨、王丹：《新型系统协同案件监管模式构建研究》，载《检察业务管理指导与参考》（第11辑），中国检察出版社2021年版。

（一）注重适应检察业务发展需求

随着“四大检察”全面协调充分发展，检察业务在上下一体化发展方面呈现出新的变化。其一，上级院指定公益诉讼、网络犯罪等领域跨区域协作案件管辖越来越多。其二，检察业务上下级院分工越来越细，形成了分工负责、各有侧重的工作格局。案件流程监控要紧紧跟上、主动适应检察业务的发展新变化，不断优化流程监控模式，更好服务司法办案。建议建立被指定管辖院和指定管辖院联动开展流程监控机制，被指定管辖院侧重于指定管辖案件受理、办理及结案情况的监控，指定管辖院则要着眼于对相应办案规则规定的线索移送、协助调查等协作任务的监控，实现跨区域协助案件关涉环节的统筹协调。另外，在上下级流程监控职能分工上，要对照检察业务上下级分工，做到和检察业务一体化分工布局相契合，尽最大可能贴近实际办案需求。

（二）注重破解同级同体监管难题

上级院案件管理部门是下级院案件管理部门正确、全面、充分履职的坚强后盾，可以通过督办、提级办理等形式促进同级同体监管难题的有效破解。督办案件的范围可以包括上级院抽查巡查中发现下级院应当监控未监控的案件、案件当事人或代理人反映有程序瑕疵的案件或控申部门转交的案件程序问题线索以及领导直接批示的案件等。提级办理指上级院案件管理部门直接监管下级院的案件，主要针对下级院案件管理部门发起书面流程监控后办案部门未按规定核查反馈的案件、上级院撤销或者变更下级院决定的案件、下级院院领导主办的案件等。案件流程监控督办、提级办理应当采用案件化办理方式，发出书面的《督办函》《提办函》，采取督办形式的案件要密切跟踪办理情况，提办案件要及时反馈办理情况，二者都要有严格的结案标准，以确保督办、提办效果。

### （三）注重强化上级宏观监督指导

在强化宏观业务指导方面，要不断完善流程监控规范指引，确保监控要求和办案要求的一致性，完备流程监控标准和规范，为开展精细精准流程监控提供制度保障。要强化典型案事例指导，总结提炼可复制、可推广的优秀经验做法，以编发典型案例或工作情况通报等形式进行全面推广。要统筹辖区检察业务发展需求，围绕阶段性的检察工作重点以及新类型犯罪或案件办理程序方面的突出问题开展专项流程监控，以点带面、固强补弱，促进流程监控工作全面发展。

在强化宏观业务监督方面，要健全上级院案件管理部门抽查、巡查模式，通过抽查、巡查下级院办案部门的在办案件，动态掌握基层院流程监控开展情况。要定期组织对下级院流程监控质量的专项检查，针对检查发现的问题提出监督意见，适时对下通报，通报见人、见事、见节点，督促基层院有效开展流程监控。要进一步升级完善流程监控系统，规范办案流程设计，实现对重要环节的节点控制，进而实现更精准的检测、分析、预测和早期预警，进一步压实程序监督责任。

# 检察机关刑事抗诉工作高质量发展研究

## ——以 A 市 2021 年至 2023 年刑事抗诉案件为样本

王纪超　杨利芳*

目　次



* 王纪超，河南省安阳市滑县人民检察院第一检察部副主任，二级检察官；杨利芳，河南省安阳市人民检察院第二检察部副主任，二级检察官。

(一) 聚焦队伍建设，在提升抗诉水平上见成效

(二) 拓展监督线索，在提升抗诉质量上下功夫

(三) 层层压实责任，在检察一体履职上找出路

2021 年 6 月出台的《中共中央关于加强新时代检察机关法律监督工作的意见》，对检察机关开展刑事审判监督工作提出了新的更高要求，强调加强检察机关法律监督工作。在此背景下，2021 年至 2023 年，A 市检察机关以精准监督为导向，做优做强刑事审判监督工作，认真落实最高检关于加强和改进刑事抗诉工作的相关要求，以精准监督为导向，努力构建以抗诉为中心的审判监督格局，持续做优做强刑事审判监督工作。

## 一、 A 市检察机关刑事抗诉工作基本情况及特点

### (一) 刑事抗诉规模稳中有升

2021 年至 2023 年，A 市检察机关共提出刑事抗诉 93 件。具体年度抗诉情况见表 1。

**表 1 刑事抗诉案件情况**

| 项目<br>年份 | 提出抗诉（件） | 提出抗诉率 % | 撤回抗诉（件） | 撤回抗诉率 % | 提出抗诉法院作出裁判（件） | 提出抗诉法院采纳抗诉意见（件） | 抗诉采纳率 % |
|---|---|---|---|---|---|---|---|
| 2021 | 20 | 0. 43 | 6 | 30. 00 | 14 | 7 | 50. 00 |
| 2022 | 23 | 0. 50 | 1 | 4. 35 | 22 | 14 | 63. 63 |
| 2023 | 50 | 1. 20 | 0 | 0 | 50 | 41 | 82. 00 |

如表 1 所示，2021 年至 2023 年，A 市检察机关刑事抗诉数量和质量都在逐年提升，形势明显好转。具体来说，2021 年，提出抗诉 20 件，抗诉率 0.43%，撤回抗诉 6 件，撤回抗诉率 30.00%，提出抗诉法院作出裁判 14 件，其中提出抗诉法院采纳抗诉意见 7 件，抗诉采纳率 50.00%；2022 年，提出抗诉 23 件，抗诉率 0.50%，撤回抗诉 1 件，撤回抗诉率 4.35%，提出抗诉法院作出裁判 22 件，其中提出抗诉法院采纳抗诉意见 14 件，抗诉采纳率 63.63%；2023 年，提出抗诉 50 件，抗诉率 1.20%，撤回抗诉 0 件，撤回抗诉率为 0，提出抗诉法院作出裁判 50 件，其中提出抗诉法院采纳抗诉意见 41 件，抗诉采纳率 82.00%。

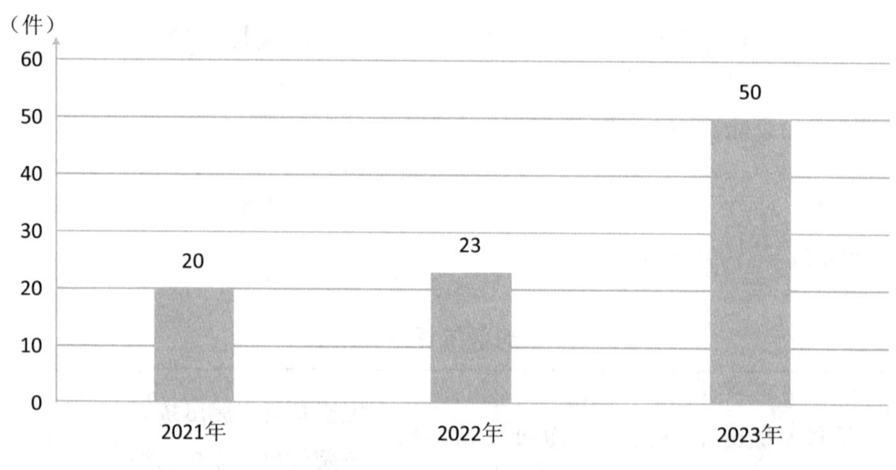


**图 1　提出抗诉的案件数量逐年上升**

图 1 直观展示了 A 市检察机关 2021 年至 2023 年刑事抗诉案件数量一直在稳步增加的情况，尤其是 2023 年，抗诉案件数达 50 件，在数量上有了新的突破。

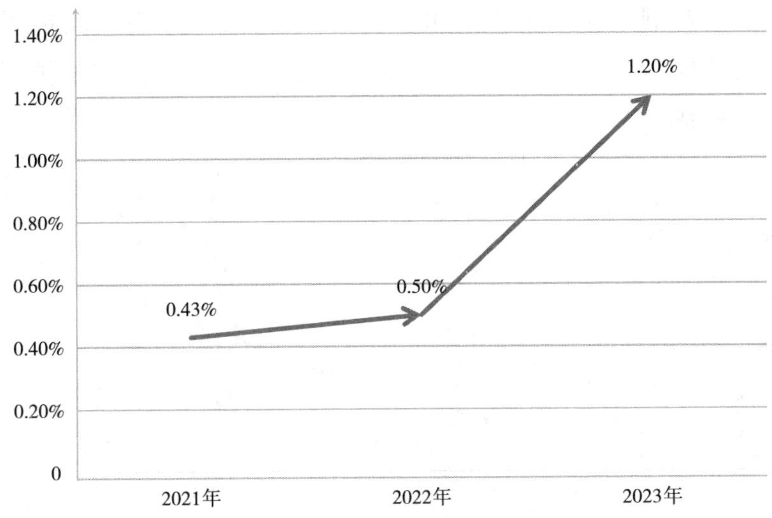


**图 2　提出抗诉率呈持续上升趋势**

图 2 直观展示了 A 市检察机关 2021 年至 2023 年刑事抗诉率一直在逐步提升的情况，尤其是 2023 年，抗诉率达 1.2%，提抗率实现了质的突破。

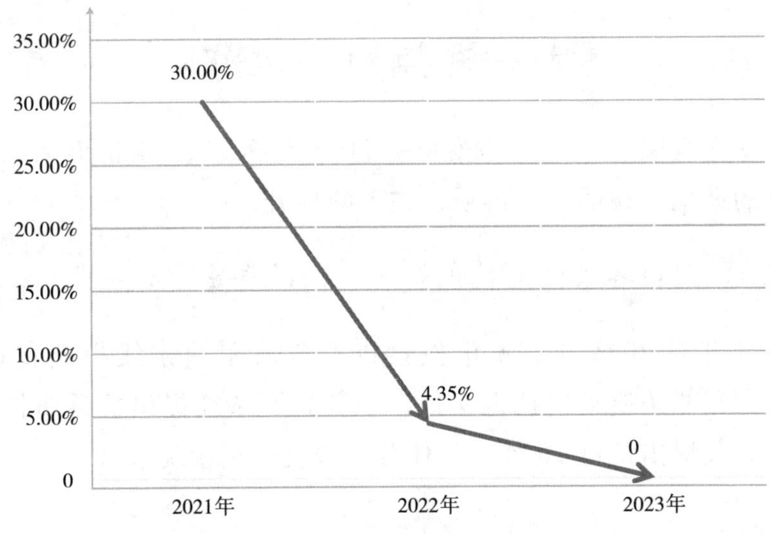


**图 3　撤回抗诉率呈持续下降趋势**

图 3 直观展示了 A 市检察机关 2021 年至 2023 年撤回抗诉率快速下降的情况，尤其是 2023 年，无撤回抗诉案件，说明了抗诉案件高质效办理成效显著。

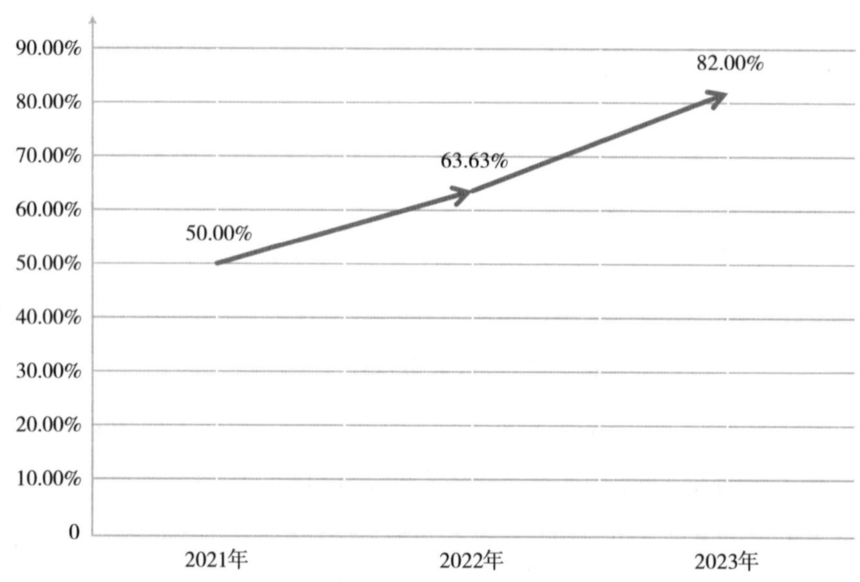


**图 4　抗诉采纳率呈持续上升趋势**

图 4 直观展示了 A 市检察机关 2021 年至 2023 年抗诉采纳率快速上升的情况，说明了抗诉质量在不断提升。

### （二）刑检各条线的抗诉规模、抗诉质效齐头并进

2021 年至 2023 年，A 市检察机关普通犯罪条线提出抗诉 71 件，重大犯罪条线提出抗诉 9 件，职务犯罪条线提出抗诉 3 件，经济犯罪条线提出抗诉 10 件。具体分条线抗诉情况见表 2。

表 2　2021 年至 2023 年刑检各条线抗诉案件情况

| 条线＼项目 | 提出抗诉（件） | 提出抗诉占比 |
| --- | --- | --- |
| 普通犯罪 | 71 | 76.34% |
| 重大犯罪 | 9 | 9.68% |
| 职务犯罪 | 3 | 3.23% |
| 经济犯罪 | 10 | 10.75% |

从表 2 可见，在 A 市检察机关刑事各条线的抗诉案件数量占比中，普通犯罪条线抗诉数量占比明显最高，达 76.34%，占绝对比例，最主要的原因是管辖罪名多，案件量大，争议焦点也多；职务犯罪条线最少，仅有 3.23%，主要原因是案件量偏少，抗诉案件稀缺。

## 二、 A 市检察机关在刑事抗诉工作中的经验探索

2021 年以来，A 市检察机关以刑事审判监督工作作为做优刑事检察重要抓手，牢固树立精准监督理念，着力构建以审监抗为重点、全面开花的刑事审判监督格局，采取有力措施，不断提高抗诉率、采纳意见率，实现精准抗诉、接续抗诉，刑事抗诉案件数量规模、质量效果持续向好。

### （一）突出上下一体，全面激活监督动能

针对往年刑事抗诉工作较为落后的状态，A 市院对强化审判监督及抗诉工作提出新要求，切实转变“不愿监督、不敢监督、不善监督”的现实困境，坚决克服畏难情绪，积极践行“在办案中监督、在监督中办案”的新理念，建立健全“诉判不一”审查机制和

上下一体检察抗诉机制，不断增强做优做强刑事抗诉工作的紧迫感和责任感。

继续完善长效监测机制。市、县（区）两级院分别成立审判监督工作专班，总结《刑事审判监督线索审查要点》6 大类抗诉要点，由专人负责上下联络、请示汇报、数据通报等工作，并建立条线工作微信群，实时动态沟通对接相关情况，实行“日监测、周提醒、月通报、季调度”的工作模式。紧盯抗诉业务动态，跟踪关注抗诉率、抗诉意见采纳率、撤回抗诉率等主要抗诉指标，及时掌握核心指标变化，通过数据分析研判，找准抗诉工作中的难点、短板，做到“抗得出、抗得准、抗得赢”，使数据分析成为提升检察业务质效的有效抓手。对提起抗诉的案件，市检察院逐一建立台账进行管理，实时掌握案件办理进度，特别对于审监抗案件，专班半月一询问，一月一督促，加快办案节奏。在 2023 年上半年，按照审判监督程序提请、提出抗诉 19 件。

完善抗诉一体化机制。建立刑事抗诉工作一体化运作程序，树立上下两级院一盘棋思想，调动一线办案检察官的主观能动性，对拟提出抗诉的案件，由基层院按要求提前向市院汇报请示，市院根据实际情况加强协调指导，提升抗诉工作质效。制定《关于进一步加强刑事抗诉工作的意见》，健全刑事抗诉年度工作计划和相应奖励机制，将抗诉工作纳入岗位目标责任制，建立科学规范的考核评价体系。例如，A 县的王某犯滥伐林木案，法院以王某构成自首为由，对其减轻处罚，判处有期徒刑 1 年 3 个月，并处罚金 1 万元。公诉人认为 A 县法院判决对王某减轻处罚，量刑畸轻，属认定事实和适用法律错误，王某系公安机关传唤后主动到案，其在侦查阶段共形成 5 次供述，其中前 4 次均未如实供述主要的犯罪事实，而是在侦查机关经过调查取证掌握其主要犯罪事实后，才对主要犯罪事实予以供述，不具有自愿接受司法机关处罚的主动性，且不属于到案后主动如实供述自己的罪行，其行为不能认定自首。根据刑事抗诉工作一体化工作机制，A县检察院及时向A市检察院汇报，经A市检察院审查认为，原判决认定事实和适用法律确有错误，向A市中院提出抗诉，A市中院最后采纳抗诉意见，认定王某构成坦白，撤销原判决，以被告人王某犯滥伐林木罪，改判有期徒刑3年，并处罚金人民币1万元。

优化考核考评奖惩机制。A市检察院高度重视审判监督工作，多次进行专题研究，通过完善《A市人民检察院对各基层院检察工作考评办法》，设立竞争型、奖励型指标，如对提抗率、提抗数、采纳率等指标进行加分，完善绩效奖金分配办法，多劳多得，奖励先进。面对前期刑事抗诉工作中各地区、各条线发展不平衡、不充分等难题，尤其多家基层院尚未破零的情形，加大考核奖惩力度，加紧通报督导频次，发挥好考核杠杆的正、反导向作用。结合各基层院、各刑检部门条线的办案数量规模、历年刑事抗诉业绩等实际，科学调整刑事抗诉考核指标，合理明确各单位的年度目标任务，对全市刑事抗诉工作数据分析每月通报，每个季度进行点评督导，对薄弱基层院制发《工作督导提示函》，并抽调两级院刑检业务骨干实地督查，促使落后地区迎头赶上，不拖全市后腿。2023年各基层院抗诉数量明显增多，仅前6个月就提出刑事抗诉30件。

### （二）聚焦综合研判，有效拓宽抗诉案源

加强数据分析研判。加强业务分析研判，由专人负责，定期汇总梳理全市刑事审判监督工作情况，用好检察业务数据这个司法办案的“晴雨表”，利用数据报表进行分析研判。通过查报表发现异常，已找出抗诉线索3件，均成功抗诉。

加强刑事案件评查。运用“三三九”工作模式：判决审查“三化”，即审查判决“文书化”“程序化”“责任化”；“三层次”，即

庭前证据严审、庭上综合考量、判决查找不同；审查判决“九要素”，即事实、罪名、量刑、法定情节、附带民事、主刑适用、附加刑适用、刑期计算、赃款赃物处理。建立健全逐级审查机制，推行专人审查、交叉审查和层级把关，开展起诉书、量刑建议书、刑事判决的“三书”比对，通过承办人自查、基层院互查、市院抽查等手段拉网式排查，针对事实认定、罪名认定、主刑适用、财产刑适用、附加刑适用等方面进行全面评查，及时发现应监督未监督的情形。例如，孟某某职务侵占案，原一审判决下达后，通过审查判决发现，法院并未对侦查机关依法查封该公司名下的股权作出处理，使得侦查机关无法有效追缴处置资产，进而影响集资群众的兑付工作，对法院一审判决提出抗诉后被中院发回重审，查封冻结的财产一并在判决中被处置，最大限度为群众挽回损失。

探索运用大数据赋能刑事审判监督。全面梳理刑事审判监督要点，已提炼出 8 大类别 36 个监督规则并进行建模。通过检察业务应用系统和裁判文书网筛查、大数据法律监督模型等方式开展禁止令适用错误、缓刑考验期适用错误、涉案财物处理错误、罚金刑错误、数罪并罚刑期计算错误等类案专项排查行动以发现抗点和监督线索，逐渐形成大数据比对与人工核查相结合的线索发现模式，清理并纠正了一批错误裁判案件。聚焦程序性问题，加强对办案期限、文书送达、权利保障等方面的审查，及时提出纠正意见，保障程序公正。如通过大数据分析发现，A 县法院有 9 个生效判决，B 县法院有 6 个生效判决，出现缓刑考验期适用法律错误的问题，已及时提起抗诉并获改判。

### （三）加强制度引领，着力提升监督质量

主动适应新形势新任务，树立全面监督理念，针对案件具体情况采取多种监督方式，有效解决重点难点问题。

聚焦认罪认罚“硬措施”。随着认罪认罚从宽制度的广泛运用，针对法院在适用认罪认罚案件中无故不采纳量刑建议，被告人不真正认罪认罚、以口头认罪认罚换取从轻处罚等情况，A 市两级检察院加强分析研究，将认罪认罚案件刑事审判监督作为重点，采取抗诉措施有效应对。如 A 县的李某先利用邪教组织破坏法律实施案，在审查起诉阶段其表示认罪认罚，签署了认罪认罚具结书，据此，A 县法院作出一审判决，认定被告人李某先犯利用邪教组织破坏法律实施罪，判处有期徒刑 8 个月，并处罚金人民币 4000 元。一审判决后，李某先虽表示不上诉，但改口坚称“法轮功”不属于邪教，没有认识到“法轮功”的社会危害性，构成对一审“认罪”的事实否认。A 县检察院认为李某先的行为系以表面上的认罪认罚换取较轻的刑事处罚，不属于真正的自愿认罪、真诚悔罪，不再具备适用刑事诉讼法第 15 条规定的从宽处理条件，故一审判决对其判处的量刑不当，遂提出抗诉。A 市检察院审查后出庭支持抗诉意见，A 市中级法院二审全部采纳抗诉意见，改判李某先有期徒刑 1 年，并处罚金人民币 6000 元。

强化抗诉证据补查机制。抓住抗后补证关键期，对于抗诉理由充分、证据相对单薄的抗诉案件，围绕争议焦点，综合运用自行补证或会同侦查机关补充证据，补强证据缺陷，筑牢案件证据基础，避免“带病抗诉”“一抗了之”，做到精准抗诉。如 C 县检察院提起公诉的张某强奸案，认为张某奸淫精神发育迟滞的幼女，情节恶劣，提出了有期徒刑 6 年的量刑建议。C 县法院经审理认为，张某构成强奸罪证据不足，以猥亵儿童罪判处张某有期徒刑 3 年。该案提出抗诉后，市院承办检察官反复研判卷宗、鉴定意见、一审讯问和询问录像，结合研判的抗点和“突破口”调查补证，补充完善了被害人母亲、舅舅等相关证人证言等证据。最终 A 市中院全部采纳检察机关抗诉意见，撤销原判，以强奸罪改判被告人张某有期徒刑

6年。

完善检法沟通协调机制。对于重大抗诉案件，与法院达成判前会商机制，收集分析法院对案件的讨论意见，及时发现抗诉工作中存在的不足，总结抗诉监督经验，不断提升抗诉案件质量。对法院裁判改变起诉指控的事实、罪名、量刑等诉判不一的刑事案件，实行上下两级检察院同步审查。主动加强与法院承办人、部门负责人、分管院领导之间的沟通，以及庭前、庭中、庭后不同阶段的联系，就抗诉焦点问题开展会商，统一司法尺度。特别是对争议大的疑难复杂案件，通过召开座谈会、检察长列席法院审判委员会会议等方式，充分阐述意见和理由，促进法院采纳抗诉意见。如A市检察长依法列席A市中级人民法院审判委员会会议，就刘某故意伤害案的事实、证据、案件定性及法律适用等发表了意见，依法履行法律监督职责，并就法检“两院”共同落实和完善检察长列席法院审委会会议制度、工作会商机制，做实严格公正司法作了交流。

## 三、刑事抗诉工作存在的突出问题及原因

### （一）突出问题

办案人员的监督意识还有待加强。许多基层院检察官的监督积极性不高，重办案、轻监督，不能完全做到“在办案中监督、在监督中办案”，在转变监督理念、改进监督方式、提升监督能力上还有较大提升空间。

检察官的办案水平、监督能力还需持续提升。个别案件虽“诉判一致”，但经交叉审查、案件评查后，存在起诉时事实指控不全、罪名认定不准、量刑建议不当等明显错误，最终只能通过审判监督程序予以纠正，影响监督效果。有的检察官司法经验不够，发现问题能力不足，抓不准抗点；有的检察官在抗诉书中未能围绕争议焦

点进行充分论证，针对性不强，没有说服力；有的检察官不注重二审环节的补证工作，忽视开庭前后与审判人员的充分沟通，缺乏关注案件进展的主动意识。

（二）原因分析

干警理念转变还不够到位。有不愿监督、不敢监督的畏难情绪，只求稳，对高质效办好每一个案件等一系列新理念、新要求理解把握还不够深刻，思路举措还不够清晰有力。

干警综合素能还不能适应新要求。提出的量刑建议质量不高，被法院采纳后，即使后来发现判决错误，也不好意思再去抗诉。

与同级法院主动沟通效果不佳，没有及时向上级院请示汇报，获得支持。有的案件是因检法两家对事实认定、证据采信、法律适用等方面存在理解和认识上的分歧，导致抗诉意见不被采纳；有的是与法院积极主动沟通不足、不畅造成；有的是对下级指导不足造成；有的是没有及时向上级院请示汇报，检察机关上下一体化优势运用得还不够充分。

## 四、加强和改进刑事抗诉工作的意见和建议

检察机关应树立正确的抗诉工作观念，克服不愿监督、不敢监督的畏难情绪，以高质效办好每一个案件为抓手，将审判监督与检、法协作有机结合，摒弃“只求稳，重协作、轻监督”的观念，以舍我其谁的使命感、时不我待的责任感，扎实履行好刑事审判监督职责。

（一）聚焦队伍建设，在提升抗诉水平上见成效

加强抗诉业务专题培训。邀请高校教授和实务专家进行培训，提高干警专业水准、业务素能、实战技巧，拓宽办案思路，用好检

答网平台，做好“传帮带”。

发挥典型案例引领作用。组织学习全国检察机关精品（优秀）刑事抗诉案件，增强运用案例指导实践的能力，既打造成功监督、质效好的精品案例，又结合无罪判决、撤回抗诉、抗诉意见法院不采纳案件等反面案例，开展监督质量剖析，汲取经验、总结教训，提升监督水平。

健全专业能力提升工作机制。以主题教育为契机，围绕“大学习、大研讨、大培训、大练兵”，持续加强业务培训和实战练兵，分批次开展“刑事抗诉精品案件评选”“优秀法律文书评选”等活动，开展省、市刑事抗诉业务竞赛，以赛促学，以学促效。评选省级优秀办案团队和优秀办案检察官，培育一批能担重任、善打硬仗的办案能手、业务专家、领军人才和专业化办案团队。

### （二）拓展监督线索，在提升抗诉质量上下功夫

加强刑事裁判审查。推行员额检察官之间交叉互相审查刑事裁判的机制，明确裁判文书精细化审查重点，加强裁判审查针对性、准确性，及时发现抗源抗点，实现精准发力。要求承办检察官在收到法院刑事判决结果后，严格审查案件事实认定、证据采信、量刑情节、诉讼程序等方面，充分挖掘抗诉线索。对重大“诉判不一”案件，判决裁定报上级检察院业务部门同步审查，将起诉书、公诉意见书、判决书、审查报告及时报上一级院对口业务部门，做到上下两级院同步核查、共同把关，确保二审环节“应抗尽抗”。对于二审书面审案件，建立当事人上诉后及时向市检察院报备制度，填补监督漏洞。完善开展案件交叉评查，组织各基层院开展案件互查，对零抗诉基层院以及无罪案件、诉判不一案件等 7 类重点案件进行全面督导，对发现的抗诉线索实行跟踪督办。

加强与法院的交流沟通。在案件承办过程中，办案人员之间、

部门负责人之间、分管领导之间及时主动与审判机关沟通，形成协调、积极的工作关系，若发现审判机关和审判人员有违反法律规定的行为，要严肃指出，充分发挥检察机关的法律监督作用。检察长列席审判委员会会议，检察长充分、客观、公正阐释抗诉及支持抗诉的事实及理由，收集、分析法院对案件的讨论意见，及时发现抗诉工作中存在的不足，总结抗诉监督工作经验，不断提升抗诉案件质量，促进司法公正。

借助大数据筛选抗源。持续强化数字赋能，主动向科技要战斗力，全面部署开展数字化改革。不断完善“一把手”负总责工作机制，对内整合内设机构力量，实现跨部门一体化、集成化作战的融合办案。汇集专业力量开展案件评查，借力数字检察加强分析研判，提升线索筛查成效。开展抗诉数据调研，分析传统抗点、热门抗点和新型抗点，研判抗诉规律，提升抗诉质效。紧盯同案不同判、同罪不同罚、自首立功减轻处罚不适当案件，运用大数据技术加强类案分析，获取有效监督线索。

### （三）层层压实责任，在检察一体履职上找出路

加强各业务部门间的横向协作配合，凝聚抗诉合力。积极践行“高质效办好每一个案件”基本价值追求，充分发挥检察一体化优势，进一步深化“四大检察”全面协调融合发展。密切与案管、控申、刑执、民行等部门的协作配合，组建刑事审判监督组，汇编《刑事审判程序监督要点》。定期召开刑事抗诉工作联席会，经常学习先进地区经验。督促各条线严格执行刑事抗诉相关工作制度，畅通线索移送渠道，建立各业务条线监督办案线索同步发现、双向移送、协同办理机制，畅通线索移送渠道、实现信息共享。

加强上下级的纵向指导，发挥以上率下作用。上级院主动加强对下级院业务指导，在提升抗诉采纳率和降低撤回抗诉率上积极作

为，通过调研座谈、案件评查等方式及时发现问题并督促整改，积极引导检察官转变监督理念，形成上下联动、统筹协调推进“一盘棋”的审判监督工作格局。对抗诉薄弱院开展业务实训，挑选有代表性的案例进行实战教学，提高检察官发现抗诉线索、精准挖掘抗点的能力。对成功办理的个案监督案例，及时总结经验推广，达到以点带面、充分发挥类案监督的辐射效应。严把抗前请示关，提出抗诉前、撤回抗诉前报请上级院对应业务部门审查并听取意见，强化对下指导。牢牢把握抗诉后补证关键期，会同侦查机关补充证据，筑牢案件证据基础，避免“带病抗诉”。

充分发挥考核杠杆作用，实行末位月通报制度。坚持“正向考绩、逆向考事”，明确将监督能力作为考核评价重要依据，激发抗诉内生动力。对抗诉业务数据指标 2 个月内连续排在后 5 位的单位进行预警，要求 3 个月内连续排在后 5 位的单位进行专题报告，加以改进。实行上级院分片区指导制，将被指导单位案件质量与指导检察官业绩挂钩，形成一体履职、责任共担的工作局面。

检察机关依法对刑事审判活动进行监督，是我国宪法和法律确立的一项重要的诉讼原则，也是宪法和法律赋予检察机关的一项重要职能。新形势下，检察机关应进一步优化刑事审判监督对下考核指标，促进各地重视监督必要性、精准性，牢固树立精准监督理念，多措并举破解刑事抗诉工作中“一抗了之”“抗而不准”难题，以强化刑事抗诉质量确保案件质量生命线，推动相关业务指标持续向好，持续推进深层次刑事审判监督。

# 检察机关开展律师异地阅卷的基层实践与完善

## ——以一起异地阅卷实例为探讨视角

姚　君　康春艳[*]

目　次



2021年3月以来，律师互联网阅卷在全国检察机关推开。2022年底，最高检在检察业务应用系统2.0上部署异地阅卷子系统，辩护律师通过向执业地检察院申请异地阅卷，由异地检察院审核相关手续后登记并推送阅卷申请至案件办理地检察院，案件办理地检察院再次审核后结合案件实际情况通过系统传输电子卷宗至律师执业所在地检察院，由其向申请律师提供电子卷宗刻录服务，形成了较为成熟完善的律师阅卷权保障模式。但在实践中，两地检察机关之间在沟通方式、时间、系统传输等方面依然存在一些问题，本文就此展开分析并提出建议。

* 姚君，贵州省毕节市人民检察院检察委员会专职委员；康春艳，贵州省毕节市七星关区人民检察院综合业务部副主任。

## 一、 基层检察机关异地阅卷实例

刘律师是 B 省 Q 市一起涉黑恶案件犯罪嫌疑人李某某的委托辩护人。2021 年 5 月，Q 市检察院案件管理办公室接到刘律师从 G 省 C 市打来的电话，称其接受委托后因疫情防控的原因无法到现场申请阅卷，通过了解可以通过互联网申请在线阅卷，并咨询具体操作流程。Q 市检察院案管工作人员系新进聘用人员，因其从未接触过该业务，便请刘律师留下电话、稍后告知。随后，该院案管办主任打电话告知刘律师具体操作步骤和要求。因其代理案件的卷宗材料相对较多，互联网阅卷推送很有可能不成功，Q 市检察院案管部门建议刘律师在互联网上申请案件绑定后并通过执业地检察机关开展异地阅卷。其间，Q 市检察官同时接到该案被害人代理人的异地阅卷申请，但因其委托的律师执照正在换领中，只能提供当地司法行政机关的证明，经承办人沟通后，因资格审核和保密承诺无法签署等原因，不能受理被害人法定代理人异地阅卷的申请。次日，刘律师在 12309 中国检察网上向 Q 市检察院提出阅卷预约申请。Q 市检察院审核刘律师上传的相关材料后，及时与 C 市检察院进行沟通协调，由刘律师将执业证书、委托书、律师事务所函等材料提交给 C 市检察院案件管理部门进行审核认证，同时将律师相关手续的扫描件通过检察机关涉密邮箱发送至 Q 市检察院案件管理中心。Q 市检察院在核对律师手续后，通过辩护与代理平台登记律师信息及申请事项，导出案卷电子档并刻录光盘，通过机要通道邮寄到 C 市检察院案件管理部门。一周后，刘律师收到代理案件的电子卷宗，完成了异地阅卷。至此，Q 市检察院探索完成了第一例跨省异地阅卷。

## 二、 目前律师异地阅卷存在的问题

第一，检察机关负责律师接待工作的人员专业性有欠缺，影响律师阅卷服务质量。律师阅卷过程中，接待人员对案件办理情况、阅卷权规定的了解程度，接待过程是否专业、规范等，事关检察窗口服务质量。检察机关律师接待工作由案件管理部门负责，而大部分律师阅卷申请集中在基层检察机关，但基层检察机关案件管理部门普遍存在人少事多、临聘人员比重较大、队伍专业化不高等共性问题。部门负责人（常为员额检察官）不仅要负责行政性事务工作，还要承担案件质量评查、内部线索移送甚至案件轮案办理等业务性工作，要面面俱到抓好每项业务，时间与精力均难以为继。实践中，接待人员多由聘用制书记员或新进单位人员担任，此部分人员对法律知识和案件办理知识缺乏系统性的理解，对于律师的提问和困惑往往不能通过电话等进行很好的沟通与解答，从而无法保证及时有效地提供异地阅卷服务。

第二，通过互联网开展异地阅卷工作存在短板，推送后阅卷的即时性不够强。通过 12309 中国检察网申请异地阅卷是异地阅卷的重要方法之一，但互联网阅卷除了对申请阅卷的案件类型有所限制之外，目前还存在一些问题：一是个人信息保护和卷宗数据安全存在泄密风险。检察端通过防护墙隔离、单向光匣传输、刻盘人工摆渡、数据加密技术以及使用特定端口，对律师阅卷系统和检察业务应用系统间的数据传输安全予以控制，可以达到保障信息和数据安全的目的。但是终端存在分布不均、联结形式多样、网络开放互联等特点，导致系统运行和数据信息安全都存在一定风险。二是跨省异地阅卷卷宗网上推送时间较长，有一定限制因素。案管部门审核通过律师在线阅卷申请后，能够立即在检察业务应用系统中进行代理案件卷宗的水印设置，并进行推送操作，但推送后需要省级检察机关审核后才能完成推送，律师从申请到在线阅卷成功需要时间较长。如果卷宗过大或者电子卷宗制作不够规范则很难通过系统推送成功，只能通过线下机要通道将刻录好的电子光盘邮寄到异地检察机关，提供给辩护人阅卷，费时耗力，影响了阅卷的即时性。

第三，检律协作配合机制不健全，大部分律师对异地阅卷了解不多、操作不熟练。实践中，受制于检律在新增业务和重大事项通报、联合培训等协作配合机制不够健全，申请阅卷的律师大多对异地阅卷业务了解不多，对互联网阅卷的申请流程不清楚、操作不熟练。有的律师申请互联网阅卷时，常因操作不熟练反复打电话到检察机关进行相关咨询，最终因操作界面复杂、电话沟通不畅、流程过多等因素放弃阅卷，导致在线阅卷高效便捷性大打折扣。

第四，内外衔接不够顺畅，以致异地阅卷不够高效及时。一是缺乏操作性较强的异地阅卷衔接办法。最高检推开异地阅卷后，并未同步制订配套的内部衔接配合办法，因不同检察机关对开展异地阅卷的思想认识、工作方法各有不同，导致异地阅卷在实践运行中没有制度的刚性约束而出现种种问题。如有的领卷地检察院嫌异地阅卷麻烦，配合较为消极；有的异地检察机关受理异地阅卷后不及时和律师所在地检察院联系；等等。二是系统设置不够科学。在检察业务应用系统 2.0 中，辩护与代理子系统中“异地阅卷”板块没有设置新受理的业务提醒功能，不主动提醒异地阅卷协作要求，导致律师所在地检察院在接待律师时才能知晓并处理。三是检察机关与司法行政机关对律师信息的核实不够便捷。律师申请异地阅卷时，检察机关必须对律师身份进行核验，但遇有律师相关证件遗失、更换或正在审核时，申请人应当提供所在地司法行政机关出具的相关证明，检察机关往往需要与司法行政机关电话沟通确信其真实性后，才能同意其申请并提供异地阅卷服务，当核查时间较长时，相应阅卷服务的及时性就不能得到保证。

第五，检察机关异地阅卷的功能设置与政策要求不相适应，少数阅卷类型难以开展阅卷工作。《关于依法保障律师执业权利的十条意见》出台后，要求全方位保障律师执业权利，但异地阅卷的系统设置没有及时升级完善，不能满足所有律师申请阅卷的情形。如在审查起诉阶段，根据《人民检察院刑事诉讼规则》，被害人的代理人申请阅卷需经办案部门审核同意后才能进行，实践中部分办案人员需要代理人签署保密承诺书后才能同意申请人阅卷，因申请人不能到场，导致此种异地阅卷情形难以实现。又如案件办结进入审判阶段后，案件管理部门一般不提供阅卷服务，但为了保障律师权益和公平公正办理案件，检察机关办案部门往往要求案件管理部门协助提供律师阅卷服务，这也带来一个新的问题：在审判阶段辩护人要求异地阅卷，即使检察机关同意提供阅卷服务，也不能通过12309 中国检察网申请绑定案件并推送电子卷宗。

## 三、 律师异地阅卷工作的完善路径

第一，紧扣律师阅卷需求，及时升级完善系统设置，深入推进异地阅卷信息化、智能化建设。对律师阅卷需求的调研，可以和律师协会、司法行政机关开展座谈、发放调查问卷、共同形成报告等多种形式，对律师阅卷需求进行分析研判、找出共性普遍性问题。同时，可以在 12309 中国检察网上设置一定时间段的“问题意见反馈”板块，由检察机关案管部门及时收集相应问题建议，对律师在阅卷实践中遇到的问题进行有针对性地了解。通过多种途径，充分把握律师异地阅卷的实际需求，有针对性地对异地阅卷的信息化、智能化建设进行加强和改进，对通过互联网阅卷实现异地阅卷需求的律师提供更高效优质的服务。

第二，完善顶层设计，制定制度或细化实施方案，规范阅卷流程。律师异地阅卷的实现方式除了互联网阅卷外，还有异地线下申请阅卷。无论哪种方式，都要实现异地阅卷的高效便捷。最高检可以按照律师阅卷工作的要求，制定完善全国检察机关统一适用的律师异地阅卷工作制度，各省级院可结合各地工作实际，进一步细化律师异地阅卷的实施方案，进而从省内异地阅卷和外省异地阅卷两个维度规范阅卷流程，最大限度满足“互联网 + 异地 + 现场”多元阅卷需求。除此之外，最高检、省级院在制定制度或实施方案时，要加强对案件卷宗的保密管理，如规定检察机关律师接待人员在审核通过律师阅卷申请后应当告知其相关保密要求以及对电子卷宗的保存、使用以及使用后处理的相关要求，并在律师领取卷宗时签署承诺书。互联网阅卷的，要求律师在下载卷宗时同样应当阅读相关告知条款，并承诺知悉并遵守后方能对案件卷宗进行下载。这样就可以在卷宗原本水印加密的基础上进一步保障卷宗使用安全。

第三，加强沟通协调，汇聚多方力量，确保异地阅卷工作顺利开展。一是加强检察机关之间的沟通协调，异地检察机关在收到律师异地阅卷申请后，应当及时对申请进行审核并与律师所在地检察机关对阅卷事宜进行沟通，根据实际需求选择最优的阅卷方式，确保申请人及时得以阅卷。二是设置律师阅卷专岗，由专人负责律师阅卷工作，定期对律师接待人员进行培训，提升保障律师执业权利的服务意识，提高形式审核和实质审核的能力，强化接待沟通协调能力。三是加强与律师协会、司法行政机关协作，结合实际对异地阅卷申请的形式审核以及实体审核标准进行细化，对律师的身份以及援助律师和委托律师的代理情况进一步审核清楚，确保依法提供阅卷服务。四是全力提升异地阅卷知晓度、执行效率。一方面，检察机关要加强与律师协会协作，积极探索在其开展的律师职业培训课程中，增设律师阅卷相关规定和实际操作培训等内容，进一步提升异地阅卷具体规定的律师知晓率；另一方面，各省级院还应与司法行政机关、律师协会共同签发相应实施细则，联合下发到全省各级检察机关、律师事务所，提升异地阅卷的执行效率，切实为律师异地阅卷提供便利。

第四，完善优化阅卷系统，构筑律师阅卷服务技术支撑，提升阅卷智能化水平。一是完善优化检察业务应用系统2.0的异地阅卷系统。一方面，增加异地阅卷协作要求自动提示功能，确保律师所在地检察机关及时处理律师阅卷申请，确保及时提供阅卷服务；另一方面，加大技术建设，强化涉密网、工作网和互联网的安全互联，提高网络稳定性配置，进一步实现跨省阅卷和大容量阅卷的安全便捷传递。二是完善优化系统保密技术防护，电子卷宗从较封闭的检察工作内部网络传输到开放的12309中国检察网，为保护个人信息和卷宗数据安全，应当进一步优化电子卷宗的加密手段，加强检察工作网和互联网的安全管理，确保从内网到外网的电子卷宗传输数据绝对安全。三是加强检察机关和其他司法机关的技术衔接。一方面，探索建设刑事诉讼全流程律师阅卷体系，实现检察院、法院业务系统的互联互通，确保不同流程中律师申请异地阅卷的便捷流畅；另一方面，优化12309中国检察网与司法行政机关律师管理系统的互联互通，优化律师资格和执业情况的审查核实，确保系统审核的精准化和时效性。

# 评查试点

PINGCHA SHIDIAN

# 检察机关异地评查路径探索

## ——以J省检察机关异地评查实践为视角

尚可泉　李　峰*

目　次



高质效办好每一个案件是新时代新征程检察工作的基本价值追求。实现高质效办案、守好案件质量生命线，案件质量评查工作必

* 尚可泉，江苏省人民检察院案件管理部副主任，三级高级检察官；李峰，江苏省人民检察院案件管理部四级高级检察官。

不可少。2023 年 8 月，最高检印发的《2023—2027 年检察改革工作规划》，对完善内部制约监督制度提出了新要求，要求检察机关健全案件质量评查制度，加强评查结果运用。本文拟以 J 省异地评查实践为视角，对检察机关开展异地案件质量评查的路径、问题及优化建议进行研究。

## 一、案件质量评查的基本价值、定位、实践效果

评查的基本功能价值。自案管部门设立以来，案件质量评查一直是案管工作的主责主业，各地检察机关案管部门开展了形式多样的评查活动，在促进办案质量、维护公正司法等方面取得一定成效。但对于案件质量评查的基本概念、功能价值一直存在争论。比如，对于案件质量评查的主体、对象、范围、时间节点、方式均存在不同形式理解的实践探索。直到 2017 年最高检出台《人民检察院案件质量评查工作规定（试行）》，明确规定案件质量评查是指对人民检察院已经办结的案件，依照法律和有关规定，对办理质量进行检查、评定的业务管理活动。根据该规定，案件质量评查主要具有监督、评价、指引、管理等功能价值。监督就是通过评查对检察官司法办案的合法合规性进行检查、对于评查发现的问题督促承办检察官进行整改；评价体现在通过评查对检察官的办案质量、落实司法责任制情况及案件质量的等次进行全面评定；指引主要是通过个案评查来引导类案规范司法；管理即通过评查实现对办案活动纠错、对检察业务纠偏、完善业务运行机制。

评查在检察权中的定位。根据《人民检察院案件质量评查工作规定（试行）》，案件质量评查工作应在检察长的统一领导下，由案管部门、办案部门依照分工组织开展。因此，评查权的主体不仅包括案管部门，还包括各办案部门。评查权是检察长领导下由案管部门与各办案部门共同履行的一项内部监督管理职权。这项职权与流

程监控相结合，成为案管部门对检察办案活动事中、事后全过程进行监督管理的重要手段。

评查工作实践中存在的问题。长期以来，案件质量评查的开展受限于诸多制约因素。首先，评查人员与评查任务的不相称。评查活动主要依赖于案管部门，各地案管部门的评查人员与办案人员的对比是一比数十、评查人员与评查案件的比例是一比数百，同时案管部门相较办案部门年轻同志更少、业务知识更新更慢，监管盲区漏洞较多。其次，本地评查基本属于同级甚至下级监督，评查人员存在不敢评、不愿评的思想，评查实际效果差。最后，案管部门评查存在重程序轻实体、自身不规范等问题，监督权威缺失，监督业务属性不能体现，不适应司法责任制改革和新形势下内部监督管理机制建设的需要。

## 二、J省异地评查实践探索

在前述问题的背景下，2021年最高检领导在全国检察机关第二次案件管理工作会议上指出“各地可以探索开展异地交叉评查，提升评查公信力和效果”。最高检案管办申国军主任在上述会议上也提出“上级院案管部门要加强工作指导，通过上对下评查、异地交叉评查等方式，解决同体监督难题”。最高检在2023年案件管理工作要点中更指出：“推进‘网上异地交叉评查’‘每案必评’和‘智能化评查’试点工作，适时总结推广。”

在此之前，J省检察机关创新探索异地评查工作机制，试图破解制约评查工作发展的瓶颈。

### （一）J省异地评查的发展实践

加强宏观设计。J省检察机关案管部门经充分调研全省评查实践中的经验教训，决定建立以信息化为支撑、以异地评查为载体的评查模式，在研发评查系统实现与检察业务应用系统全面对接的基础上，逐步从设区市范围内全面异地评查发展到全省范围内按罪名专业化异地评查，实现了不捕、不诉、诉判不一、无罪、免予刑事处罚、撤回起诉、退查未重报、移送单位撤回等重点案件的异地评查全覆盖。

坚持案件化评查理念。设计异地评查流程时，贯穿司法办案的理念。系统自动抽取案件、随机分配案件、阅卷、审查、发送初评意见、承办人确认意见或提出异议、异议审查、承办人申请复议、评查单位上级院复议、承办人申请复核、省院复核、督促补正、补正反馈等一系列流程，明确了各环节评查的时限、责任，充分体现评查工作“办案”的内涵，落实司法责任制改革的要求。

统一评查规则。在征求全省检察机关意见的基础上，省院项目组在异地评查系统中按审查逮捕和审查起诉两个类别分别设置了统一的评查模板，审查逮捕案件和审查起诉案件分别设计了 9 大类 37 条和 9 大类 54 条评查计分规则，对证据审查、事实认定、法律适用、办案程序、文书制作使用、释法说理、办案效果及司法责任制等内容量化得分，既减少了评查的主观因素，更全面评价了案件质量、效果。

### （二）J 省异地评查的实践成效

一是形成全省评查工作一体化、团队化、专业化的工作体系。省院案管部门的顶层设计将最高检及省院的评查理念、要求贯穿到评查系统和评查实际工作中，统一了三级院的认识分歧，实现了上下一体化发展。异地评查系统将全省案管部门评查力量有机整合、科学调配，解决了评查力量不足、忙闲不均等问题。同时，借助专业化评查的实践，各地积累实践经验，制定了分罪名评查指引，打牢了专业化评查的根基。

二是评查的覆盖面更全、灵活性更强，堵塞了以往的监管漏洞。异地评查系统不仅将《人民检察院案件质量评查工作规定（试行)》明确的全部重点案件纳入异地评查范围，在相关案件填录审结案卡后即由系统自动推送至专业化评查单位开展评查，实现了重点案件质量评查无遗漏；也设计了本地常规评查、专项评查的模块，实现每案必评的全覆盖要求。同时，基于异地评查系统与检察业务应用系统的快捷联结，评查所需的案卡、文书、电子卷宗等全部办案数据可以即时从检察业务应用系统中调取，打破了传统评查模式对调卷的限制。

三是评查的刚性更强，充分体现对司法办案的矫正功能。本地评查活动基于同体监督的本质，案管部门评查人员即使能指出或提醒院领导、办案部门负责人的办案质量问题，但后期整改与否、整改的质量都难以保证。异地评查系统将上下级监管力量有机融合、监管信息共享，上级院可以对异地评查发现的问题的补正情况进行检查、提醒，保证了监督效果。从异地评查的实践效果来看，督促纠正了一批出现程序质量问题的案件，在改变原处理决定、弥补原案监督漏洞上也取得了突出成效，一批案件由诉改不诉、不诉改诉、移送单位撤回改诉或不诉等，更向办案部门移送了一批侦查监督、审判监督、司法救助及公益诉讼线索，有效改变了部分地区监督工作薄弱的局面。

### （三）J省异地评查存在的问题

J省异地评查虽然取得了不少成效，但在工作中还存在一些制约工作开展的瓶颈问题。

1. 评查主体问题。按照《人民检察院案件质量评查工作规定(试行)》，案管部门和办案部门都是评查工作的责任部门。但目前J省异地评查系统仅是将案管部门的员额检察官作为评查主体，办案部门的员额检察官几乎很少承担评查责任，只是作为被评查的对象。此外，根据入额院领导办案负面清单，入额院领导不能办理案件管理类案件，即分管案管部门的入额院领导不能参与案件质量评查。上述负面清单，与《人民检察院案件质量评查工作规定（试行）》第 8 条“各级人民检察院入额的检察官均具有担任评查员的资格和责任”要求相背离。

2. 评查标准问题。异地评查系统虽然统一制定了评查计分模板，统一了评查标准，且在上下一体化的框架下，通过异议、复议、复核流程化解了部分认识分歧。但在评查实践中，不同地区间的实际办案规则还存在不对应问题。例如，A 地区某种法律文书最低审批权限是分管检察长，而 B 地区该文书由部门负责人或员额检察官签发。再如，不同地区的量刑规则、不起诉规则均存在一定差异。这些地区司法标准的差异，直接影响了评查中是否扣分、扣分分值甚至案件质量等次。此外，个别评查人员机械执行扣分标准，对于个别问题未全面考察办案中的各种因素，对形式上符合扣分标准的直接扣完该项总分，背离了省院制定异地评查计分规则时的初衷。

3. 评查价值问题。在评查的价值追求上，实践中存在三个方面的问题。一是正、负面评价问题。虽然异地评查系统针对正、负面因素都设计了得分值，但总体上还是以扣分为主线，正向评价激励比较欠缺，且在 J 省的评查报告中给予正向评价的较少。二是三个效果统一问题。评查规则虽然包括了部分办案效率、办案效果的项目，但总体上还是以办案质量为主，效率、效果所占分值相对较低，不能完全科学反映案件的办理情况。三是考核问题。异地评查在监督线索移送、提升全省法律监督质效上取得了很大的成效，但是从考核角度看，不同地区在年度考核中都是竞争对手，异地评查发现移送线索的成效并不能反映在本地的全院整体考核成绩中，部分评查人员对于发现、移送线索的积极性相对受影响。此外，评查结果与检察人员业绩考核之间的通道还没有完全打通，案件质量评价等次并不能完全反映到个人业绩考核中。

评查效果问题。异地评查系统中设计了承办检察官问题补正、案管部门督促补正及整改反馈流程，但在实践中，存在一些补正超期、虚假补正问题。因大部分地区未将评查问题与承办人个人考核挂钩，故承办检察官对于评查发现的问题重视度不够，应付整改，从而导致类似问题屡错屡犯。此外，对于评查问题，案管部门移送检务督察处理的较少，对于问题案件止步于案件质量本身，未对办案人员的责任问题移送调查。对于办案质量、效果较好的案件，异地评查系统也缺少推荐转化为典型案例的通道，未能发挥典型引领作用。

## 三、 异地评查下一步的推进思路

### （一）落实更广泛的评查主体责任

全面落实《人民检察院案件质量评查工作规定（试行）》关于评查主体责任的要求，案管部门与办案部门必须共同参与到包括异地评查在内的整体评查工作中来。各级检察院应当在检察长的统一领导下，建立包含全院员额检察官在内的评查人员库，纳入异地评查系统的评查员库。在异地评查系统分配案件时，区分入额院领导、业务部门评查员、案管部门评查员，分别设置一定的评查分案比例，在具体评查案件过程中，对于有争议的案件，及时提请召开员额检察官联席会议进行研究。这样既落实了最高检关于员额检察官的评查责任要求，又打通了案管部门与业务部门的业务壁垒，统一了司法认识和标准。此外，建议上级检察机关将入额院领导评查案件移出负面清单，解决这一制度设计上的矛盾。

（二）进一步统一评查理念和标准

评查人员开展评查工作所依据的法律法规、工作规范与办案部门并无本质不同，但是在不同地区间、不同部门间还是存在一定的认识分歧。上级检察院案管部门可以考虑从以下方面来统一标准，消弭矛盾。一方面，在异地评查的基础上，广泛收集各地意见建议，继续完善评查计分规则和不同罪名评查指引，并对规则、指引的适用采用业务培训形式进行统一思想，修正错误理解认识。另一方面，要重视评查人员素能提升。应勇检察长在第五批全国检察业务专家座谈会上指出，检察队伍建设的主要矛盾已由学历层次偏低、职业保障不足等，转变为司法理念、素质能力等不适应、跟不上检察工作高质量发展要求。这一论断同样适用于目前的评查队伍。各级检察院必须重视评查人员的司法理念、业务素能提升，与办案部门保持司法标准和评查标准的统一衔接。此外，可以由省级院探索建立跨地区评查疑难问题会商机制，对不同地区的司法理念、司法标准分歧进行会商研究，统一认识。

（三）建立科学的考核机制

异地评查工作必须打通与全院综合考核、检察官业绩考核的通道，才能发挥其应有的功能作用。首先，异地评查必须提供更全面、更科学、更准确的评查结论。通过异地评查，应当对被评案件的效率、效果、质量进行一体评价，对办案的正向、负向效果综合评定，评查结果经得起上级检查、承办人和当事人认可。其次，在将异地评查结果与考核系统连接后，必须进一步完善考核工作机制。在对院考核中，可以将监督线索移送成案指标由达标线指标调整为竞争性指标，对于移送监督线索的单位给予加分评价；在对人考核中，既要考核办案质效好的加分内容，也要将办案质效问题、案件质量等次体现在考核结果中。

### （四）进一步优化异地评查工作机制

第一，要优化异地评查与本地评查的衔接机制。对于异地评查范围之外的案件，要通过本地评查来填充监管空白地，或者拓展异地评查系统的简易案件自动评查功能，以更全面地落实“每案必评”的要求。第二，要优化异地评查系统的繁简分流功能。在各地建立重案评查团队和快速评查团队，对于罪名多、涉案人数多、流程复杂的案件，纳入重案评查团队，规定更长评查时间，对于单一罪名、人数较少、流程简单的案件，纳入快速评查团队，明确更短的评查时间。第三，要优化异地评查与流程监控的衔接机制。目前，异地评查系统虽然与流程监控系统建立了连接，但是自动推送流程监控的成果还不够全面，作用还未充分发挥。建议进一步优化两个系统的衔接通道，将流程监控问题、整改结果直接转化为评查的计分项目，节省评查过程中对于日常流程、文书、案卡瑕疵错误进行重复性检查，从而提高评查的效率和质量。第四，优化异地评查与监督线索移送模块的衔接。一方面，加强对监督移送工作的监督；另一方面，共享监督线索成果，让评查结果更加全面、科学。

# 检察机关开展“每案必评”的可行性探究

## ——基于对湖南省益阳市检察机关“每案必评”的实证研究

白　峰　邱　收　汤文娟*

目　次



* 白峰，湖南省益阳市人民检察院党组成员、副检察长；邱收，湖南省益阳市人民检察院案件管理办公室主任，四级高级检察官；汤文娟，湖南省益阳市人民检察院案件管理办公室五级检察官助理。

习近平总书记在中央全面依法治国工作会议上指出，要深化司法责任制综合配套改革，加强司法制约监督，健全社会公平正义法治保障制度，努力让人民群众在每一个司法案件中感受到公平正义。随着司法责任制改革不断深化，捕诉一体的"集权"办案模式更加凸显检察官的办案主体地位。在此背景下，案件质量评查成为提高内部监督管理效能、规范检察权运行的重要手段，是适应新时代检察工作高质量发展的现实需要。案件质量评查是指对人民检察院已经办结的案件，依照法律和有关规定，对办理质量进行检查、评定的业务管理活动。① 2021 年 9 月，在全国检察机关第二次案件管理工作会议上，最高检领导提出对于公检法意见一致、当事人没有不同意见的轻刑案件，采用软件来评查，这类案件占 80%，那么只有 20% 的案件需要人工评查，加在一起能实现全覆盖评查，并提出"办结的每一起案件，原则上都要进行质量评查"的工作要求，为"每案必评"工作的深入发展指明了方向。

## 一、 推进"每案必评"工作的现实必要

### （一）推进"每案必评"工作是提高检察官个案质效的必然要求

案件质量评查是倒逼检察官提高个案质效和提升办案能力水平的重要方式。案件质量评查是对检察官办理的个案进行全方位的

① 参见《人民检察院案件质量评查工作规定（试行）》第 2 条。

“质检”，既包括实体评查，也包括程序评查，是对检察官办结的案件进行的全方位评查。检察官办案办的不是案件，而是他人的人生和幸福。如果检察官办结的每一个案件不经过评查、不区分优质还是瑕疵等次就直接归档，长此以往将不利于检察官办案水平的提高。每一个案件要像产品一样经过质量评查，这是一个基本定位。将检察官办结后的每一个案件都经过质量评查并确定不同等次，指出个案问题并向检察官反馈，实现每评查一件个案，就能促进个案质效提高的良性循环。

### （二）推进“每案必评”工作是案管部门履行案件管理职责的必然要求

案件管理事关检察工作全局，既是全院的“大管理”，也是案管部门的“小管理”。[①] 案管部门负责专门的案件管理，质量评查是案管部门一项基本业务，案件质量评查是落实检察官办案责任制、加强对检察官司法办案监督管理的重要内容。“每案必评”工作不仅可以发现检察官在办案中存在的瑕疵和不足，有效监督办案活动，还能发现存在的普遍性问题，并提出对策建议，从而规范司法行为，提高办案质量和效率。评查发现案件质量问题不是终点，整改问题、压实责任、预防再犯、助推高质效办案才是评查的终极目标。案件质量评查全覆盖是必然趋势，也是质量评查工作的方向。

### （三）推进“每案必评”工作是检察机关履行法律监督职责的必然要求

最高检党组明确要“高质效办好每一个案件”，要让人民群众

① 2021 年 9 月 16 日，最高检案件管理办公室主任申国军在全国检察机关第二次案件管理工作会议上的总结讲话。

在实体上、程序上、效果上感受到公平正义。检察机关是法律监督机关，办案质量是检察机关依法履行法律监督职能所取得的工作成果，是检察工作的生命线。[①] 法律监督质效要体现在每一次的监督办案质效上。一个已办结案件不经过评查就归档，与检察机关高质量发展要求不相符，而推行“每案必评”工作是撬动检察机关整体办案质效的有力支点。“每案必评”就是将检察官办结的每件案子都从证据审查和采信、事实认定、法律适用、办案程序、文书制作和使用、释法说理、办案效果、落实司法责任制等方面开展检查并最终给出评定等次，最终目的在于提高检察官业务能力和素质。如果检察官个案质效提高，那么检察机关整体办案质效也会得以提升。

## 二、益阳市检察机关“每案必评”实践探索

益阳市院认真落实最高检《关于开展“每案必评”试点工作的通知》要求，以“高质效办好每一个案件”为基本价值追求，以实现“办结的每一起案件，原则上都要进行质量评查”为工作目标，深入推进“每案必评”试点工作。在全市优选 37 名综合素质高的各业务条线骨干进入评查人才库，由益阳市院案管办统筹全市案件质量评查人员，实行一体化联动，并相继制定《“每案必评”试点工作实施方案》《案件质量评查委员会审议规程》《案件质量监管员工作规定（试行）》《邀请人民监督员参加案件质量评查活动操作手册》等规范性文件。

截至 2023 年 6 月 30 日，依托智慧案管系统实行繁简分流已对益阳市院 2023 年上半年已办结的 2595 件案件实现全覆盖评查，评

① 参见张欣欣：《开展案件评查活动的必要性及实践要点》，载《法制与经济》2015 年第 Z2 期。

查率 100%；其中人工重点评查 7 轮，共抽评案件 540 件，共评定合格等次 529 件，评定瑕疵等次 11 件；其余均采用系统速裁评查评定为合格案件。目前，全市检察机关运用繁简分流评查体系实现了评查率 100%。

### （一）繁简分流评查模式

智能辅助与人工评查相结合。依托“智慧案管”监管平台的自动评查功能，对系统自动预警疑似问题，及时提示承办人整改。对未发现问题或仅因案卡错填在 24 小时内已整改案件，系统自动评定合格等次；对自动评查发现的未整改或无法整改的案件，转入人工评查。

全面评查与重点评查相结合。对“智慧案管”智能评查后，未推送至人工评查的案件实行系统自动速裁评查评定为合格。对推送至人工评查的案件经初评认为存在实体、程序或监督履职类问题都是一目了然、没有争议的，如遗漏累犯情节，或者应当告知当事人权利没有告知，或者对法院超期审理没有及时履行法律监督职责等情形，承办人对评查指出的问题无异议，由一名评查员按简易流程进行评查，可不经评查小组讨论直接报送分管领导审批确定案件质量等次。对无罪、撤回起诉、捕后不诉、判免刑、抗诉未采纳等重点评查案件和拟评为优质、瑕疵、不合格等次或具有较大争议的案件，按照评查员评查、评查反馈、了解情况、小组会议讨论、分管院领导审批、评查委员会审议等全环节进行重点评查。

内部交叉与外部抽查相结合。业务部负责人或案件质量监管员对本部门员额检察官所办理的每件案件进行线下交叉评查，制作并扫描《案件质量监管评查表》挂入检察业务办案系统。案件管理部门对本院所有重点评查案件通过智慧案管系统组织线上交叉评查，并每月对业务部门交叉评查的案件组织抽查复查。

### （二）业务部门与案管部门分工配合“每案必评”深度评查模式

在依托“智慧案管”系统实现评查率100%后，为保证评查不走形式，提升评查质效，益阳市院认真组织两级院探索深度人工评查模式，检验系统评查准确率，并探索了三种模式。一是送案审核预评模式。将人工评查关口前移，由案管部门员额检察官在送案审查过程中对案件实体、程序、案卡等逐案进行全面监管，及时发现案件质量问题，对可整改问题开展流程监控，对因办案期限等无法整改问题逐案制作《案件质量问题清单》，挂入检察业务应用系统文书卷宗，提醒评查员关注重点问题，提升案件质量评查效率。二是业务部门负责人预评查模式。运用案件质量监管员制度，充分发挥业务部门负责人对案件质量的审查把关责任，由业务部门负责人在法律文书审批时全案评查并制作《案件质量监管评查表》挂入办案系统，案件办结后结合智慧案管系统预警和预评发现问题，由案管部门抽选案件启动人工深度评查。三是业务部门内部交叉评查后案管部门抽评模式。每月1日，案管部门将各业务部门上个月办结案件清单分发送各部主任，主任组织本部门的员额检察官在20日前召开评查员联席会议完成交叉评查，并集中探讨案件评查过程中发现的问题。业务部门评查员将案件评查表交到案管部门汇总，案管部门再通过智慧案管系统抽查复评50%案件。承办人根据评查意见，及时整改，最后交卷。由案管部门汇总案件评查结果，每月末召开月讲评会，通报案件评查情况。

### （三）双向促进评查方法

强化质量预警，坚持案件质量评查与日常监管整改相结合，形成“评查检验+监管改进”的“双改进”机制。实行案件评查与流程监控双向提示工作机制，将案件评查关口前移，在送案审查过程中对案件实体、程序、案卡等逐案进行全面监管，及时发现案件质量问题，对可整改问题开展流程监控，对无法整改问题逐案提醒评查员关注重点问题。将评查整改关口前移，对评查中发现的个案普遍性突出问题移送流程监控组及时开展专项核查，有效遏制问题再发。例如，在评查李某贩卖毒品案时，发现被告人李某两次贩卖甲基苯丙胺、甲基苯丙胺片剂达 1500 克以上，根据刑法可能被判处无期徒刑以上刑罚，本应由中级人民法院管辖，安化县检察院未改变管辖上报市院，而是直接向基层法院起诉，并因为补充证据不及时，导致一审法院对其中一笔犯罪事实未予认定，造成量刑畸轻。评查该案后，移送流程监控组开展管辖问题专项核查，又发现 3 起级别管辖错误案件，及时督促刑检部门统一规范案件办理，切实起到整改预防效果。

强化结果导向，坚持案件质量评查与检务督察相结合，形成“案件管理 + 检务督察”的“双监督”机制。以案件评查督促规范办案，实行案件管理与检务督察监管线索双向移送。如 2022 年常规评查中发现刑检部门不起诉案件涉案财物处理不规范问题后，将督察线索书面移送检务督察部进行专项督察，对具体发现的 4 类 47 个司法不规范问题督察业务部门逐案整改，对违反检察职责的 14 名案件承办人给予问责处理。2023 年第二季度，针对案件评查发现问题，检务督察部正在针对问题较多的检察官以及长期无追捕追诉案件的检察官等四类情形开展专项督察。

强化诉源治理，坚持案件质量评查与专题调研相结合，形成“调研报告 + 规范意见”的“双着力”方法。将原本“发现问题—整改问题”的单一线性评查监管模式转变为“发现问题—整改问题—二次审视—治理建议”的循环立体式监管模式，从深入分析问题原因和有针对性地提出规范意见两方面着力，推进问题解决。如市院评查发现一些性侵未成年人犯罪案件存在不起诉错误、量刑畸轻、对未成年被害人二次伤害等问题，对性侵未成年人犯罪案件开展专项监管。一方面，联合未检部门组织对2012年10月以来全市所有性侵未成年人犯罪案件进行全面评查，评查出不合格、瑕疵案件12件，移送业务部门后按审判监督程序抗诉5件、撤销原不起诉决定3件。另一方面，成立专题调研组，以2017年至2021年全市性侵未成年人犯罪案件为样本，通过大数据分析、查阅卷宗、走访办案民警、组织召开座谈会等方式进行深入调研，形成《关于近五年全市性侵未成年人犯罪的调研报告》，呈报市委、市政府后，得到市委书记亲笔批示，并重组全市未成年人保护工作格局。

## 三、“每案必评”试点工作中存在的困难挑战

一是业务部门参与案件全面评查的积极性有待进一步提高。“每案必评”是对每个案件打上“质量标签”，使每一起案件都经得起历史的考验，力争让人民群众在每一起案件中感受到公平正义。该项工作要取得实效，每一名检察官都要积极参与。但实践中部分业务部门检察官对案件评查工作的认识理念没有更新，仍然认为案件质量评查是案管部门的工作责任，没有树立起案件质量评查是案管牵头、条线负责、同抓共管的工作理念，因而在分配案件评查任务给业务部门员额检察官时偶有推诿情况发生，或者评查只是“走过场”、走形式。

二是评查水平和责任心有待进一步提高。评查员在跨部门评查案件时，专业水平不高，较难发现深层次的问题，个别评查员责任心不足，一定程度上制约了案件评查的质量和效果。本部门交叉评查时，又存在流于形式、“走过场”的现象，对于不合格问题、瑕疵问题不敢提、不愿纠，提出的问题浮于表面。

三是智能辅助评查有待进一步完善。系统规则需根据案件质量

新情况、新问题，对预警精准性、及时性进行完善。在重点评查案件的人工评查中，需要通过推进数字案卡建设提供智能辅助。

四是评查成果转化需进一步提升。评查工作的价值是，通过对案件评定等次促进办案质效提高，充分运用评查结果，通过评查发现优秀案例、优秀文书，评查一类案件、发现一类问题、找出统一标准，切实发挥评查成果转化重要作用。但在实际评查中，检察长通常更重视案件质量主要评价指标的排名，对个案的评查以及“每案必评”工作的态度，也主要取决于该项工作对业务考评打分的影响，对质量评查后续成果转化重视都不够。有的基层院未将案件质量评查结果与干警个人奖惩、晋升直接挂钩，对于评查发现问题存在不整改、不重视问题；有的基层院对被评定为瑕疵案件和不合格案件的，采取“一票否决”制，取消个人年度评优评先资格，暂缓检察官职级晋升，又容易导致刑检条线员额人心不稳、敌视评查，案管条线员额不敢评查、压力巨大。

## 四、 进一步完善“每案必评”工作的解决路径

第一，案件评查主体必须强调中立性。质量评查的主体要保持中立性。本院评查本院、本部门评查本部门很容易“走过场”、走形式，因此质量评查应该要实现案管部门组织、业务部门参加，最好可以由市级以上检察机关统筹组织辖区内的交叉评查。

第二，成立专门的评查决策机构。建议成立质量评查专门委员会，对评查员和评查小组提交的案件等次结果进行审核。本市两级院都成立了由检察长任主任，分管副检察长任副主任，各业务部门负责人为成员的评查委员会，对拟评定不合格、瑕疵案件及突出的类案问题进行审核把关。

第三，评查方式要具有可行性。各基层院可以根据自己的办案体量，选择不同的评查模式。目前，办案体量小的基层院采用送案

审核预评模式，办案体量大的基层院采用业务部门内部交叉评查后案管抽评模式，办案体量中等的基层院采用业务部门负责人预评查模式。市院要统筹完善交叉评查工作机制，压实评查责任，提高评查质量。

第四，要保持评查结果的权威性。一是探索组织退休资深检察官、法官、律师、法学专家等“外脑”力量参与评查，提升评查结果的客观公正性。二是不可以由检察官助理评查检察官的案件。三是对评查员要定期开展评查业务培训，最好是组织案管条线检察官与业务条线检察官的同堂培训。四是不定期对评查报告进行抽检，检验评查员案件评查的质效水准，对评查不负责的评查员移送检务督察部门予以惩处。

第五，推进数字案管建设。经过试点实践，要确保评查不“走过场”，取得实效，仅靠人工评查是无法实现“每案必评”目标。最高检提出要智能管理，就是要向科技要生产力，要全面推进“数字案管”建设。省院智慧案管监管平台边开发边应用，取得了较好的应用成果，需要不断完善系统评查规则，不断提高自动评查准确率，确保“每案必评”工作质效。

第六，经费保障上要具有可持续性。经费保障是有效开展“每案必评”工作的重要基础，应积极争取地方财政理解、支持，申请评查专项经费，纳入办案经费组成部分，用于向“外脑”评查员或者退休检察官发放一定的评查补助，以此保障案件质量评查工作的持续性、长久性。另外，定期在检察院工作网站上晒出评查工作经费使用情况及明细清单，全方位接受社会各界监督。

# 先进人物

XIANJIN RENWU

# “百炼成金”的案件管理行家里手

## ——记云南省昭通市人民检察院神骥同志先进事迹

神骥同志，现任云南省昭通市人民检察院案件管理办公室副主任。2023年12月20日，在最高检召开的全国检察机关队伍建设工作暨第十次“双先”表彰大会上，神骥同志被荣记个人一等功。他扎根于案件管理岗位十年有余，坚持苦练本领、锤炼技能，逐步成长为云南省检察机关案件管理工作领域的行业领军人物，在全省案件管理业务条线中具有良好知名度和广泛影响力。他屡创佳绩、表现突出，先后荣获“全国检察机关案件管理业务能手”“云南省检察机关案件管理业务标兵”“云南省检察先进个人”“昭通市优秀共产党员”等荣誉，三次荣立个人三等功，从检十年，七年考核优秀，被选树为政法队伍英模人物，多次在各类专项教育活动中宣讲个人先进事迹。

### 追逐梦想孜孜以求，“华丽转身”以苦为乐

大学毕业后，神骥同志在北方老家参加工作，成为一名光荣的人民教师，怀揣着“法律人”梦想的他勤奋学习，考入云南高校攻读法律硕士研究生，毕业后又考入检察机关。时逢检察机关新成立案管部门，他毅然接受组织安排，到案管部门“安家落户”“生根萌发”。这一去，十年不曾离开，案件管理岗位成了他勇攀高峰、

砥砺奋进的人生舞台。很多人把神骥同志的职业发展历程赞扬为“华丽转身”，但他总是饱含感慨地嘿嘿一笑：“十年磨一剑，谁苦谁知道。”初到案管部门，他也是深感万事开头难。此前的从教经历、研究生学业，对于做好刚起步的案管工作来说，基本派不上用场，没有先例可以遵循、没有经验可以仿效，他在思想上一度困惑焦灼。

图 1　神骥同志被最高检荣记一等功

同时，他也看到了新的工作岗位所蕴含的挑战和机遇，便一头扎进不断发展革新的工作场景中：AJ2013 统计系统、检察业务系统上线了，他学习案卡报表录报、数据审核、软件管理，思考分析其中包含的法律方面、管理方面的原理、流程和逻辑、规则；

电子卷宗系统、案件信息公开工作推进了，他主动学习相关系统的实务操作，熟练掌握辩护律师及诉讼代理人等接待要领，让“阳光司法”“为民司法”理念入脑入心入行动；案件质量评价指标应用、业务数据分析研判工作启动了，他又深入学习检察业务宏观管理知识、业务数据分析研判技能，学习写文稿、算数据、做图表、谋篇布局、献计献策。十年间，看似不起眼的基本功修炼，看似不经意间的细小积累，他聚沙成塔、积水成渊，逐渐成长为一名经验丰富、功底深厚、业务水平突出的案件管理专业人才。

## 深耕细作主责主业，厚积薄发结成硕果

长期以来，神骥同志一直在思考：怎样才能做好案管工作？怎样才能发挥案管职能？怎样才能做出案管特色？他坚持守正创新、锲而不舍，充分发挥案管影响力、积极传播案管好声音，注重业务现实问题和实际困难的解决，取得了“专”和“精”的良好口碑。为履行好案件管理业务枢纽岗位职责，他结合案件质量评查和流程监控工作中发现的办案不规范情形，深入分析3000余件各类检察案件的办案流程、法律适用、证据审查等情况，在2400项办案质量问题中归纳总结类型化要点，在全市基层院及全市重要业务会议组织10余场次现场培训，受训人数达600余人次。他充分发挥案管优势、依托案管智慧，在全省首创送课到基层的巡回流动培训工作模式，经常性组织业务培训授课和研讨活动，为服务保障司法办案树立良好典范。

很多检察系统的同仁一度把案管部门称为“大内勤”“大总管”，其实是强调“收收发发”的基础职能。神骥同志一直认为，做案管工作要夯实基础，更要锚定主攻方向、瞄准关键领域。十年来，他立足案管岗位履职的鲜活实践，练就了扎实深厚的理论

功底和法律素养，累计完成上百件 40 余万字重要文稿文案编写工作。他起草司法规范化、案件评查、流程监控等重要专题通报 30 余份，其中部分专题通报被列为全省或全市重要业务材料，其主要内容既坚持问题导向、注重以案释法，又坚持方法引领、注重以法释疑，为案件质量整治提升工作作出了突出贡献；善于敏锐地观察分析案件办理流程，善于总结梳理检察业务运行态势、数据变化趋势、案件办理整体形势，具有丰富的全省、全市检察业务数据分析研判实战经验，先后撰写统计数据分析研判报告 40 余份，在全市重大检察工作会议主讲司法办案数据分析 10 次，充分展示了优秀的检察业务素养和分析研判能力；坚持理论与实践相结合，注重学习与履职相结合，多次执笔、参与完成最高检、省政府和省、市院重点研究课题、理论调研文章、教学实践课程，取得突出成绩、获得多项荣誉，部分研究成果在全省检察机关产生了良好实践应用效果。司法体制改革期间，为抓好检察业务系统推广应用工作，他精心设计编写多种系统业务培训资料，内容编排科学，结构设计巧妙，其编写的《司法体制改革下系统内检察官办案配置攻略》小册子被省内多个州市、基层检察院同仁借鉴参考；受省检察院指派，编写了《云南省刑事案件十八年变迁情况统计分析报告（2004—2021）》，以云南省刑事检察 18 年司法办案宏大背景为基础，以历史视角研讨犯罪治理路径，是云南检察机关案件管理部门利用历史分析法、实证分析法、数据分析法开展较长时间跨度数据分析的成功尝试和实践，该成果受到各级领导和同仁的充分肯定。

图 2　神骥同志（中）与同事交流研讨工作

## 爱岗敬业勤勉为民，甘于平凡彰显担当

在辩护与代理接待中，案管部门与律师、委托代理人和群众打交道比较多，工作效果好不好、工作效率高不高、工作作风实不实，直接影响检察机关的“口碑”。十年以来，神骥同志在工作岗位上默默践行着共产党员的忠实誓言，以耐心、细心和热心的工作态度，努力当好检察窗口“守门人”、检察形象“传播人”、检察枢纽“摆渡人”。他总是紧紧围绕来访人员的需求和诉求开展接待工作，始终保持工作细致入微、服务周到规范、用语得体温和，坚决摒弃“衙门作风”；总结升华“一清三好四快”工作法，即“一次讲清楚接待事项”、“门好进、事好办、脸好看”的工作原则、“快速了解需求、快速交接手续、快速答复处理、快速办结事了”的工作方法。他累计接待辩护律师、诉讼代理人等 1200 余人次，安排律

师阅卷 400 余件次，从未发生差错和纰漏，其扎实过硬的工作作风、精湛娴熟的业务水平赢得了广泛的赞誉和信任。在昭通市检察院历年来举办的多次座谈会、情况通报会上，许多参加会议的律师直接点名神骥同志，纷纷竖起大拇指，称赞其工作状态和精神面貌，为律师职业权利保障和服务工作发挥了良好的示范带头作用。

急难险重无所惧，临危向前显担当。新冠疫情发生之初，神骥同志把疫情防控的各项要求落实在每个工作环节中。他在春节期间坚守值班岗位，对上对下处理传达防疫文件及信息，节后主动请缨、勇担重任，始终坚守在案件管理服务大厅；面对疫情发展态势，勇于突破定式思维，创新疫情防控期间工作模式，负责统筹协调两级检察院及其他政法单位开展非接触收送案、跨区域接待阅卷、远程传输电子卷宗等工作，大大降低了人、车、案、物的流转带来的疫情传播风险。疫情防控、服务办案两不误的优秀事迹被市检察院给予嘉奖。他深知，作为一名共产党员，就应该困难面前冲在前、危急关头不退缩，案件管理部门虽然不承办具体案件，但是案管岗位也是检察一线，在守好检察关口、创新工作方法、处置突发应急事务方面绝不含糊松懈！

## 奋勇拼搏斩获荣誉，业务竞赛争创先进

在工作岗位上规范严谨履职是提升业务素能的主要渠道。十年的案管工作实践，使得神骥同志业务日益精进、能力逐渐扎实、思想更加成熟稳重，对案件管理工作有了更多的思考和更深的领悟。他积极参加上级院组织的业务竞赛，在更大的舞台、更宽的赛道上向优秀检察同仁学习切磋。2020 年中期，他在全省案件管理业务竞赛中斩获佳绩，以全省第二名的优异成绩被评为“云南省检察机关案件管理业务标兵”。2020 年底，他与另外两名同志代表云南检察机关参加了第二届全国检察机关案件管理业务竞赛。竞赛中，他沉

着冷静应对挑战，充分发扬敢打敢拼、奋勇争先的竞赛精神，经过三天四场次的紧张激烈比拼，通过综合笔试、业务监管技能测试、业务分析技能测试和汇报答辩等环节，在各省市选派的近百名选手中脱颖而出，晋级决赛，其中两个单项科目成绩入围前10名，被最高检评为“全国检察机关案件管理业务能手”，彰显了其精湛卓越的案件管理实务技能，为云南检察案件管理工作赢得了荣誉。一年两度获得国家级、省级业务赛事表彰奖励，是神骥同志长期辛勤耕耘、刻苦拼搏的结果！他长期以提高专业能力、培育专业精神为目标，围绕案件流程管理、案件质量管理、统计数据管理、业务信息化管理、综合业务管理等不断提升岗位素质能力，深入学习检察业务管理知识、司法办案法律法规、办公办案软件操作技能，在业务规范化、信息化、精细化建设方面发挥了积极作用，成为云南省检察机关案件管理业务领域的行家里手。

作为一名案件管理条线的“老兵”，神骥同志将持之以恒地把忠诚履职、担当有为、精益求精作为自己的价值追求，以“逢山开路，遇水搭桥”的勇气，用“踏石留痕，滴水石穿”的韧劲，回顾总结好“来时路”，谋划思考好“前行路”，忘记鲜花和掌声，把初心使命牢牢记在心上，把责任担当结结实实扛在肩上，为新时代检察工作再建新功！

# 《检察业务管理指导与参考》征稿启事

《检察业务管理指导与参考》是由最高人民检察院案件管理办公室和中国检察出版社联合创办的指导性连续出版物，以“加强工作指导、促进理论研究、解决实际问题”为宗旨，坚持理论联系实际的原则，贯彻实用性、指导性和权威性的编写特色，为全国业务管理理论研究者和实务工作者提供交流平台，欢迎广大检察人员、高等院校和研究机构的专家学者以及各界人士投稿。

## 一、 征稿内容和主要栏目

稿件内容为业务管理理论与实务问题研究，主要包括业务管理基础理论、检察改革背景下业务管理的职能定位，案件综合管理、流程管理、质量管理、统计信息管理、业务信息化管理等职能履行方面的理论与实务研究，检察业务应用系统的应用和完善情况、案件信息公开工作的经验及建议等。主要包括以下栏目，具体情况可以结合实际适时调整。

### （一）政策指导类栏目

高层声音：中央、最高人民检察院领导关于业务管理工作的重要讲话，最高人民检察院召开的有关业务管理工作会议精神。

领导论坛：最高人民检察院案件管理办公室领导、各省级院领导有关业务管理工作的讲话、调研报告、理论文章等。

理论前沿：司法体制改革背景下，政法部门业务管理总体职能定位、主要任务、发展趋势等方面的研究成果。

政策解读：专家学者或各级院案件管理部门负责人对涉及业务管理工作的法律法规、规章制度进行的深度解读。

（二）业务研讨类栏目

业务研究：对案件综合管理、流程管理、质量管理、统计信息管理、业务信息化管理、人民监督员履职管理等各项职能进行深层次研究。

经验交流：各级检察机关案件管理部门结合实际，创新开展工作的经验做法。

典型案例：在案件受理审查、流程监控、质量评查、业务考评、业务分析研判、人民监督员履职等具体工作中形成的具有典型意义的案例或事例（附工作文书）。

（三）专题类栏目

规章制度：最高人民检察院和省级院制定下发的有关业务管理工作的规定、决定、意见、通知等规范性文件。

专项解答：针对各地业务管理工作中出现的常见问题、突出问题的专项汇总解答。

分析研判：各地围绕检察工作重点，发挥业务管理职能作用，深入开展的业务分析研判。

（四）其他栏目

案管风采：部分先进案件管理部门或者优秀案件管理人员的典型事迹材料。

检察文苑：与检察业务管理工作相关、可读性较强的纪实报告、小说、散文、诗歌、随笔等文学作品。

## 二、投稿要求

1. 原创性。本书主要刊发原创的理论和实务文章。稿件如已在其他刊物发表过，投稿时请务必注明刊发的时间和刊物名称。

2. 时效性。要围绕正在开展的业务管理重点工作和亟须解决的问题组织稿件，对业务管理工作具有一定的指导和借鉴意义。

3. 内容适宜公开发表。本书向社会公开发行，请针对文章中的数据、事例等材料认真进行保密审查，防止出现不宜公开或泄密的事件。

4. 数据引用要准确。文章引用的数据要列明来源和出处，确保真实准确。

5. 署名和引注要规范。鼓励作者独立署名，也可刊发合作署名文章，但对 4 人（含 4 人）以上的署名文章一般不刊发或者作集体署名处理；文章的引注请严格依照“注释体例”的要求。

6. 作者信息要完整。应在稿件电子版内（文章结尾处，无须另附文档）直接注明作者详细联系方式，包括通信地址、邮政编码、联系电话、电子信箱等，并附作者简介。

7. 稿件形式要合规。理论研讨文章一般应当在 3000 字以上，稿件电子版（word 或 wps 格式）应以“附件”方式发送至投稿电子信箱。

## 三、注释体例

注释采用脚注方式，每页不连续编号，以阿拉伯数字加圆圈标志。

### （一）著作类引文注释

作者：书名，卷次，译者，出版社，出版年份，页码。

例如：

①张文显主编：《法理学》，法律出版社 2004 年版，第 38 页。

②史尚宽：《民法总论》，中国政法大学出版社 2000 年版，第 23 页。

③［德］黑格尔：《法哲学原理》，范扬、张企泰译，商务印书馆 1961 年版，第 91 页。

④H. L. A. Hart, *The Concept of Law*, Oxford University Press, 1961, p. 6 – 7.

（二）文章引文注释

作者：文章名，本书作者，所载书刊名，卷次，出版社，出版年份，页码。

例如：

①俞荣根、刘霜：《立法助理制度述论》，载《法学杂志》2007 年第 2 期。

②周光权：《违法性意识与犯罪故意的关系》，载陈忠林主编：《全国中青年刑法学者专题研讨会文集·违法性认识》，北京大学出版社 2006 年版，第 28 页。

③李希慧等：《“轻轻重重”应成为一项长期的刑事政策》，载《检察日报》2005 年 5 月 26 日第 3 版。

④Julius Stone, “Roscoe Pound and Sociological Jurisprudence”, in 78 *Harvard Law Review* (1965), p. 1578.

（三）数字和书名号的用法

1. 除引用原文外，文章中出现的数字（不含序数）均使用阿拉伯数字。

例如：

《中华人民共和国刑事诉讼法》第159条明确规定："对犯罪嫌疑人可能判处十年有期徒刑以上刑罚，依照本法第一百五十八条规定延长期限届满，仍不能侦查终结的，经省、自治区、直辖市人民检察院批准或者决定，可以再延长二个月。"这说明可能判处10年以上有期徒刑的犯罪嫌疑人被羁押的时间最长可达7个月。

2. 法律法规除全称需要书名号外，简称均不加书名号（加括号规定简称的除外）。

例如：

我国刑法中对被害人承诺没有明文规定，应当在立法中予以明确。

《最高人民法院案件审限管理规定》（以下简称《审限管理规定》）中明确规定："审判人员故意拖延办案，或者因过失延误办案，造成严重后果的，依照《人民法院审判纪律处分办法（试行）》第五十九条的规定予以处分。"

## 四、 投稿联系方式

1. 投稿邮箱。邮件请注明"《检察业务管理指导与参考》投稿"及主题，检察内网发至 agb_ zdyck@ gj. pro，外网发至 agbzdyck @ 163. com。

2. 本刊编辑部地址。北京市东城区北河沿大街147号最高人民检察院案件管理办公室，邮编：100726。

3. 编辑部电话：010－65200308。

# 2024年《检察业务管理指导与参考》征订单

《检察业务管理指导与参考》是由最高人民检察院案件管理办公室和中国检察出版社联合创办的指导性连续出版物，以“加强工作指导、促进理论研究、解决实际问题”为宗旨，坚持理论联系实际的原则，贯彻实用性、指导性和权威性的出版特色，为全国业务管理理论研究者和实务工作者提供交流平台。

2024年《检察业务管理指导与参考》全年6辑，每辑定价40元，全年定价240元，面向全国公开发行。现2024年征订工作已经开始，欢迎各级人民检察院和相关部门订阅。各订阅单位可通过中国检察出版社官网（www.zgjccbs.com）进行网上订购，也可采用纸质订购方式，汇款后请填写订购回执单（见下页，复印有效）并传真至出版社。

（见下页，复印有效）

中国检察出版社

2023年11月

# 2024 年《检察业务管理指导与参考》订书回执单

<table>
<tr><td>订购单位名称</td><td colspan="2"></td><td>经手人</td><td colspan="2"></td></tr>
<tr><td>地　址</td><td colspan="2"></td><td>电话<br>（手机）</td><td colspan="2"></td></tr>
<tr><td>单位统一信用代码</td><td colspan="2"></td><td></td><td colspan="2"></td></tr>
<tr><td>电子发票接收邮箱</td><td colspan="2"></td><td></td><td colspan="2"></td></tr>
<tr><td colspan="3">书　名</td><td>定价</td><td>订数</td><td>金额</td></tr>
<tr><td colspan="3">2024 年《检察业务管理指导与参考》</td><td>240.00</td><td></td><td></td></tr>
<tr><td>合计金额</td><td colspan="5">万　　　仟　　　佰　　　拾　　　元整</td></tr>
<tr><td colspan="6">备注：款到三个工作日左右，发票发送至您的邮箱！</td></tr>
</table>

## 订购方式说明

**第一种：网站订购（www.zgjccbs.com）（不用发传真、款到开票）**

1. 网站下单，直接在线支付（微信、支付宝）
2. 网站下单，银行汇款需备注订单编号后 6 位数字

网站订购负责人张惠 010－86423745、18101137669　技术咨询 010－86423763

**第二种：微信订购（仅支持微信在线支付）**

1. 使用微信扫描右侧二维码可直接在线订购
2. 了解最新书讯请关注“中国检察出版社”微信公众号

**第三种：传真订购**

书款汇至出版社账号后，务必将订书回执单填写完整并传真至 010－68659465

**中国检察出版社账户信息**

户　名：中国检察出版社有限公司　　账　号：11050164860000000056
开户行：建设银行北京西山枫林支行　　行　号：105100050751

**中国检察出版社各省订购负责人：**

盛　丹 010－86423727　18101137660（微信同号）传真 010－68659465
（北京、天津、山西、陕西、河北、黑龙江、吉林、辽宁、内蒙古、青海、山东）
董艳芬 010－86423726　18101137661（微信同号）传真 010－68659465
（河南、浙江、江苏、安徽、上海、福建、甘肃、江西、新疆、西藏）
薛建娜 010－86423728　18101137662（微信同号）传真：010－68659465
（广东、广西、海南、重庆、四川、云南、贵州、湖北、湖南、宁夏）